Märchenland

Märchen, Sagen und
Geschichten aus Deutschland

Herausgegeben von
Alan Posener

Illustrationen: Peter Bay Alexandersen

TEEN READERS · TR · TEEN READERS

Märchenland, Märchen, Sagen
und Geschichten aus Deutschland

Herausgegeben von Alan Posener
Teen Readers, Stufe 2

Herausgeber:
Ulla Malmmose und Charlotte Bistrup

**Diese Werk folgt der
reformierten Rechtschreibung
und Zeichensetzung**

ISBN Dänemark 978-87-23-90183-5
www.easyreader.dk
The CEFR levels stated on the back of the book
are approximate levels.

Easy Readers EGMONT

Gedruckt in Dänemark von
Sangill Grafisk Produktion, Holme Olstrup

INHALT

I.	**Küstenländer** (Schleswig-Holstein, Hamburg, Bremen, Mecklenburg-Vorpommern)	
1.	Die Bremer Stadtmusikanten	5
2.	Der Fischer und seine Frau	9
II.	**Berlin-Brandenburg**	
3.	Das tapfere Schneiderlein	15
4.	Der Bauer und sein Esel	21
5.	Der Fischer und der Tod	22
III.	**Länder am Rhein** (Nordrhein-Westfalen, Rheinland-Pfalz)	
6.	Loreley	24
7.	Die Heinzelmännchen in Köln	28
8.	Ringelfest	30
IV.	**Länder in der Mitte Deutschlands** (Niedersachsen, Sachsen-Anhalt, Hessen)	
9.	Der Rattenfänger von Hameln	38
10.	Die Gänsemagd	41
11.	Der Wettlauf zwischen Hase und Igel	49
12.	Hans im Glück	52
13.	Aschenputtel	58
V.	**Sachsen und Thüringen**	
14.	Sankt Georg und der Drache von Leipzig	69
15.	Der Krieg zwischen Fuchs und Wolf	72
VI.	**Der Südwesten** (Baden-Württemberg, Saarland)	
16.	König Blaubart	78
17.	Geschichten von den Schildbürgern	81
VII.	**Bayern**	
18.	Die Marienstatue von Ingolstadt	86
19.	Eisenhans	87

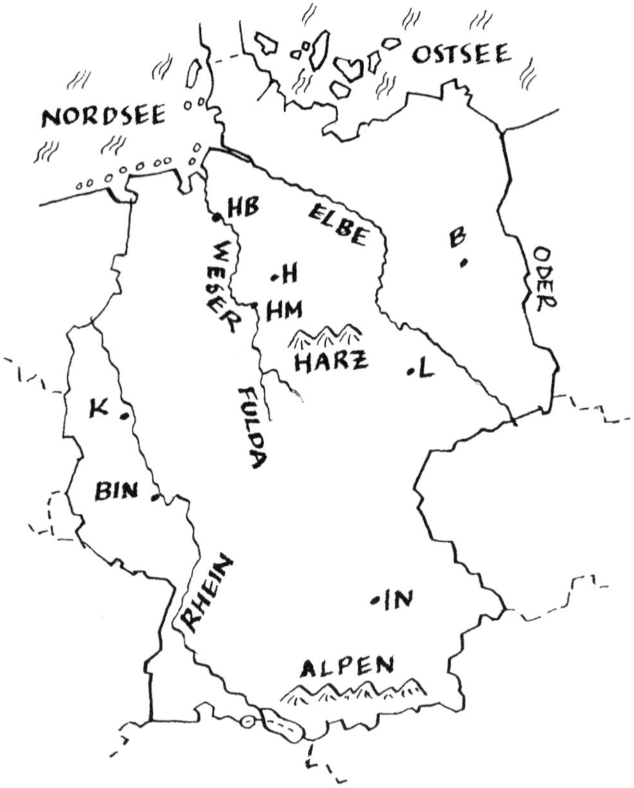

B = BERLIN
BIN = BINGEN
H = HANNOVER
HB = BREMEN
HM = HAMELN
IN = INGOLSTADT
K = KÖLN
L = LEIPZIG

Die Bremer Stadtmusikanten

Ein *Esel* hatte lange Jahre für seinen Herrn gearbeitet und schwere Säcke getragen. Nun war das Tier alt und schwach, und der Besitzer dachte daran, es zu töten. Da lief der Esel fort und machte sich auf den Weg nach Bremen. Er wollte dort *Stadtmusikant* werden.

Unterwegs traf der Esel einen Hund, der um sein Leben rannte. "Was ist mit dir los?" fragte der Esel. "Ach", antwortete der Hund, "weil ich alt und schwach bin und nicht mehr jagen kann, wollte mich mein Herr töten. Da bin ich schnell weggerannt. Aber was soll jetzt aus mir werden?"

"Etwas Besseres als den Tod findest du überall", antwortete der Esel. "Komm doch mit nach Bremen! Wir werden beide Stadtmusikanten." Und so zogen sie zusammen weiter.

Nach einer Weile trafen die beiden eine Katze, die ein trauriges Gesicht machte. "Was ist mit dir los?" fragte der Esel. "Ach", miaute die Katze, "weil ich alt und schwach bin und schlechte Zähne habe und keine Mäuse mehr jagen kann, wollte mich meine Herrin töten. Da bin ich fortgelaufen. Aber wo soll ich jetzt hin?"

"Etwas Besseres als den Tod findest du überall", antwortete der Esel, und der Hund sagte: "Du verstehst etwas von der Nachtmusik. Komm doch mit uns nach Bremen! Wir werden alle drei Stadtmusikanten." Und so zogen sie zu dritt weiter.

---

der Esel, wie ein kleines Pferd; ein Esel macht "I-A!"
der Stadtmusikant, ein Musiker, der in der Stadt Musik macht

der Hahn der Räuber der Esel

Nach einer Weile kamen sie an einem *Bauernhof* vorbei. Auf dem Tor saß ein *Hahn* und schrie so laut er konnte. "Sag mal, Freund, was ist mit dir los?" fragte der Esel. "Ach", klagte der Hahn, "morgen kommen Gäste, hat meine Herrin gesagt, und ich komme in die Suppe. Heute Abend schlägt mir die Köchin den Kopf ab. Nun schreie ich, so lange ich noch kann."

"Etwas Besseres als den Tod findest du überall", sagte der Esel, und die Katze meinte: "Du hast doch eine kräftige Stimme. Komm doch mit uns! Wir wollen in Bremen Stadtmusikanten werden." Und so zogen sie zu viert weiter und kamen bald in einen dunklen Wald.

Es wurde Nacht, und die vier Freunde suchten einen Platz zum Schlafen. Der Hahn flog auf einen hohen Baum und sah in der Ferne ein Licht. Als sie näher kamen, sahen die Tiere, dass es ein helles Fenster war. Der Esel blickte durchs Glas. "Was siehst du?" fragte der Hahn. "Was ich sehe?" antwortete der Esel. "Ich sehe einen Tisch mit schönem Essen und Trinken." "Das wäre etwas für uns!" sagte der Hund. "Ja," antwortete der Esel, "aber an dem Tisch sitzen *Räuber*!"

---

der Bauernhof, wo der Bauer, die Bäuerin und ihre Tiere wohnen
der Hahn, ein Vogel, der die Bauern am Morgen weckt
der Räuber, ein gefährlicher Dieb

Die Tiere dachten nach. Wie konnten sie die Räuber aus dem Haus jagen? Da hatten sie eine Idee. Der Hund sprang auf den Rücken des Esels; die Katze sprang dem Hund auf den Rücken, und schließlich flog der Hahn auf den Kopf der Katze. Und dann machten sie alle zusammen ihre Musik – der Esel schrie, der Hund *bellte*, die Katze miaute, und der Hahn *krähte* – und sprangen durch das Fenster in das helle Zimmer. "Hilfe!" riefen die Räuber, "was für ein schreckliches Monster!" Und sie rannten aus dem Haus und versteckten sich im Wald. Die vier Freunde setzten sich an den Tisch und aßen, bis sie nicht mehr essen konnten. Dann legten sie sich schlafen – der Esel im *Stall*, der Hund hinter der Tür, die Katze auf dem Ofen, der Hahn auf dem Dach.

Im Wald sahen die Räuber, dass es im Haus ruhig und dunkel war. "Es war falsch, so schnell wegzurennen", sagten sie sich, und schickten einen Mann los, der das Haus untersuchen sollte.

Ganz leise öffnete der Räuber die Tür. Alles war still. Die Tiere schliefen. Der Mann wollte seine kalten Hände am Ofen wärmen. Er streckte die Hände aus und stieß gegen die Katze. Da sprang sie ihm ins Gesicht, biss und *kratzte*. Der Räuber bekam Angst und lief zur Tür, da sprang der Hund auf und biss ihm ins Bein. Als er am Stall vorbei rannte, trat ihm der Esel mit den Hinterbeinen kräftig in die Seite, und der Hahn rief vom Dach herunter: "Kikeriki!" Endlich erreichte der Räuber den Wald.

---

bellen, ein Hund bellt: "Wau, wau!"
krähen, ein Hahn kräht: "Kikeriki!"
der Stall, dort wohnen Kühe, Pferde, Esel, Schweine usw.
kratzen, wenn dich eine Katze kratzt, tut es weh

"Auf dem Ofen sitzt eine *Hexe*, die hat mir das Gesicht zerkratzt!" erzählte er den anderen Räubern. "An der Tür sitzt ein Mann mit einem Messer, seht nur, wie mein Bein blutet! Draußen steht ein dunkles Monster, das hat mich grün und blau geschlagen, und von oben hat jemand mit schrecklicher Stimme gerufen: "Bringt mir den Mann her!"

Die Räuber gingen nie wieder in ihr Haus zurück. Den vier Stadtmusikanten aber gefiel es sehr gut. Vielleicht leben sie immer noch dort.

Der Fischer und seine Frau

Es waren einmal ein armer Fischer und seine Frau, sie wohnten am Meer in einem *Nachttopf*.

Eines Tages ging der Fischer zum *Strand* und fing einen großen *Butt*. Als er den Fisch aus dem Wasser zog, sprach der Butt: "Bitte, bitte, töte mich nicht. Ich bin kein Fisch. Ich bin ein *verzauberter* Königssohn." Der Fischer sagte: "Einen Butt, der sprechen kann, findet man nicht alle Tage. Ich töte dich nicht." Und er warf den Fisch zurück ins Meer und ging nach Hause.

---

die Hexe, eine kluge, manchmal aber böse alte Frau, die meistens allein mit ihrer Katze lebt und etwas von Geheimnissen versteht
der Nachttopf, steht unter dem Bett, wenn jemand in der Nacht nicht bis zur Toilette laufen will oder kann
der Strand, dort, wo das Land ins Meer geht
der Butt, ein großer Fisch, der im Meer lebt; siehe Zeichnung auf Seite 10
verzaubert, Hexen können Menschen verzaubern – aus dem Prinzen wird ein Frosch oder ein anderes Tier

der Butt

Als der Fischer seiner Frau die Geschichte erzählte, sagte sie: "Und? Was hast du dir von dem Butt gewünscht?" "Gewünscht? Nichts. Wieso?" "Ach", sagte die Frau, "du bist vielleicht dumm! Das war ein verzauberter Königssohn, ein Prinz! Du hast ihm das Leben gerettet. Als Dank *erfüllt* er dir bestimmt einen Wunsch. Sieh dir an, wie wir hier leben in diesem Nachttopf! Das halte ich nicht länger aus. Geh zum Strand, ruf den Butt und bitte ihn um ein schönes Haus!"

Der Fischer ging zum Strand. Die Sonne schien, das Meer war blau, und der Mann rief:

Mandje, mandje, timpe tee!
Buttje, Buttje in der See!
Meine Frau, die *Ilsebill*,
Will nicht so, wie ich es will!

Da steckte der Butt den Kopf aus dem Wasser und fragte: "Was will sie denn?"

"Ach", sagte der Fischer, "sie ist mit unserem Nacht-

---

erfüllen, wahr machen
"*Mandje, mandje, timpe tee*", (bedeutet nichts)
Buttje, (in Norddeutschland:) kleiner Butt
Ilsebill, (ein Name)

topf nicht zufrieden und sie will ein Häuschen haben, mit..."

"Geh nach Hause", sagte der Butt. "Das Haus steht schon."

Der Fischer rannte nach Hause, und da stand ein schönes Häuschen mit Küche, Wohnzimmer und Schlafzimmer und einem kleinen Garten, und in dem Haus saß die Frau. "Ach, Frau!" rief der Mann. "Nun können wir glücklich und zufrieden leben!" "Na ja", sagte die Frau, "wir wollen es versuchen."

Und sie lebten glücklich und zufrieden zwei Wochen lang. Eines Tages aber sagte die Frau: "Dieses Haus ist mir viel zu klein. Ich halte es hier nicht mehr aus! Ich will ein Schloss. Geh zum Butt und sage ihm, dass wir uns ein Schloss wünschen!" "Aber Frau!" rief der Fischer. "Der Butt hat uns schon einen Wunsch erfüllt!" "Wenn er uns ein Haus *zaubern* kann, kann er uns auch ein Schloss zaubern", sagte die Frau. "Nun geh schon!"

Der Fischer ging zum Strand. Das Meer war grün und gelb, und es waren Wolken am Himmel. Der Fischer rief:

Mandje, mandje, timpe tee!
Buttje, Buttje in der See!
Meine Frau, die Ilsebill,
Will nicht so, wie ich es will!

Da steckte der Butt den Kopf aus dem Wasser und fragte: "Was will sie denn?"

---

zaubern, Hexen können zaubern: mit Geheimwissen Menschen und Dinge verändern

"Ach", sagte der Fischer, "sie ist mit unserem Häuschen nicht zufrieden, und jetzt möchte sie ein Schloss haben, mit ..."

"Geh nach Hause", sagte der Butt. "Sie steht schon in der Tür."

Der Fischer rannte nach Hause, und da stand ein herrliches Schloss in einem großen Park, und in der Tür stand seine Frau. *Diener* brachten ihnen das Essen, und als sie zu Bett gingen, sagte der Mann: "Nun können wir bis an unser Lebensende glücklich und zufrieden in unserem Schloss wohnen!" Aber die Frau sagte nur: "Schlafen wir. Morgen sehen wir weiter."

Am nächsten Morgen hatte die Frau ein unzufriedenes Gesicht. Sie stieß ihrem Mann in die Seite und sagte: "Steh auf, Mann! Ich habe nachgedacht. Ich will Königin sein. Geh du und sag das dem Butt." "Königin! Aber der Butt hat uns schon so viel gegeben. Bestimmt ist er böse, wenn ich ihn noch einmal um etwas bitte." "Mann, ich muss Königin sein. Geh schon."

Der Mann ging langsam zum Strand. Es war kalt und windig, und die See war grau. Der Fischer rief:

Mandje, mandje, timpe tee!
Buttje, Buttje in der See!
Meine Frau, die Ilsebill,
Will nicht so, wie ich es will!

Da steckte der Butt den Kopf aus dem Wasser und fragte: "Was will sie denn?"

"Ach", sagte der Mann, "nun will sie Königin sein und ..."

---

der Diener, arbeitet für andere Menschen

"Geh nach Hause", sagte der Butt. "Sie ist schon Königin."

Und als der Mann nach Hause kam, da saß seine Frau auf einem *goldenen Thron* mit einer goldenen *Krone* auf dem Kopf. Als sie ihn sah, sagte sie: "Königin, das ist nichts! Ich muss Kaiserin sein." "Kaiserin! Warum?" "Frag nicht so dumm, geh schnell zum Butt. Wenn er mich zur Königin machen kann, so kann er mich auch zur Kaiserin machen." Also ging der Mann wieder zum Strand und rief:

Mandje, mandje, timpe tee!
Buttje, Buttje in der See!
Meine Frau, die Ilsebill,
Will nicht so, wie ich es will!

Der Himmel war voller Wolken, der Wind war stark, und das Meer war fast schwarz. Der Butt steckte seinen Kopf aus dem Wasser und fragte: "Was will sie denn?"

"Ach, jetzt will sie Kaiserin sein. Sie sagt ..."

"Geh nach Hause. Sie ist schon Kaiserin."

Und als der Fischer nach Hause kam, sah er seine Frau auf einem noch größeren Thron mit einer noch größeren Krone auf dem Kopf. Sie war Kaiserin. Als sie ihn sah, rief sie: "Kaiserin, das ist nichts! *Papst* will ich sein!" "Aber..." "Lauf schon!" Und der Mann ging zum Strand. Der Himmel war blutrot, das Meer unruhig. Der Fischer rief:

---

golden, aus Gold
der Thron, König und Königin sitzen auf einem Thron
die Krone, König und Königin tragen eine Krone auf dem Kopf
der Papst, wohnt im Vatikan in Rom; er ist der wichtigste Mensch in der Katholischen Kirche

Mandje, mandje, timpe tee!
Buttje, Buttje in der See!
Meine Frau, die Ilsebill,
Will nicht so, wie ich es will!

Und wieder steckte der Butt seinen Kopf aus dem Wasser und fragte: "Was will sie denn?" Und als der Fischer nach Hause kam, war seine Frau Königin, Kaiserin und Papst und hatte drei goldene Kronen auf dem Kopf. Als sie ins Bett gingen, sagte er: "Ach Frau! Nun hast du alles in der Welt. Nun können wir glücklich und zufrieden sein!" Aber sie sagte nichts und sah aus dem Fenster. Draußen schien der Mond.

Als die Sonne am nächsten Morgen aufging, sah die Frau immer noch aus dem Fenster. "Warum geht die Sonne nicht auf, wenn ich es will?" sagte sie. "Warum geht der Mond nicht auf und unter, wenn ich es will?" Sie stieß ihrem Mann in die Seite, so dass er aus dem Bett fiel. "He! Zieh dich an und lauf zum Butt. Ich will so sein wie Gott!"

Langsam ging der Fischer zum Strand. Das Herz war ihm schwer. Der Himmel war schwarz. Der Blitz leuchtete, der Donner rollte, und die See war voller *Wellen* mit weißen Kronen. Der Fischer rief in den Wind:

Mandje, mandje, timpe tee!
Buttje, Buttje in der See!
Meine Frau, die Ilsebill,
Will nicht so, wie ich es will!

---

die Welle, bei starkem Wind gibt es Wellen auf dem Meer

Und der Butt steckte seinen Kopf aus den Wellen und fragte: "Was will sie denn?"

"Ach!" sagte der Mann. "Jetzt will sie so sein wie Gott!"

"Geh nach Hause", sagte der Butt. "Sie sitzt wieder in eurem alten Nachttopf."

Und da sitzen sie heute noch.

Das tapfere Schneiderlein

Die Geschichte vom *tapferen Schneiderlein* erzählt man sich in vielen Gegenden Deutschlands. So wird sie in Berlin und Brandenburg erzählt:

Zwischen Berlin und Bernau lebte ein großer *Bär* in einem alten Haus. Das Haus stand in einem Wald, und die Straße zwischen Berlin und Bernau führte durch diesen Wald. Wer von einer Stadt in die andere wollte, musste warten, bis der Bär schlief, sonst wurde er vom Bär getötet und *gefressen*.

In einer Berliner *Kneipe* saßen eines Nachmittags einige Handwerker, die ganz früh am nächsten Morgen, wenn der Bär schlief, durch den Wald nach Bernau

---

tapfer, wer keine Angst hat oder die Angst nicht zeigt, ist tapfer
der Schneider, das Schneiderlein, ein Schneider macht Hosen, Jacken, Kleider usw.; Schneiderlein: ein kleiner Schneider; siehe Seite 17
der Bär, ein großes und gefährliches Tier; kleine Kinder haben oft einen Bär als "Teddy" im Bett
fressen, Menschen essen, Tiere fressen
die Kneipe, (in Berlin:) ein Gasthaus

gehen wollten. Unter ihnen war auch ein Schneider. Wie die meisten Schneider damals war auch dieser ein kleiner, schwacher Mann und außerdem sehr arm. Wie die meisten Berliner damals und heute hatte er aber einen hellen Kopf und einen großen Mund.

Die Kneipe war, wie die meisten Kneipen in Berlin damals und heute, laut und nicht sehr sauber, und auf dem Tisch gab es sehr viele Fliegen. Da schlug der Schneider mit beiden Händen zu und tötete zwölf Fliegen mit der rechten Hand und elf mit der linken. Auf diese Tat war der kleine Mann sehr stolz und kaufte sich ein Messer. Auf einer Seite des Messers stand: RECHTS ZWÖLF, auf der anderen: LINKS ELF.

Am nächsten Tag ging der Schneider mit seinen Freunden durch den Wald nach Bernau. Da sahen sie schon das Haus, in dem der Bär wohnte. Die anderen Handwerker wollten ganz, ganz leise an dem Haus vorbeigehen. Der Schneider aber sprang durch ein Fenster mitten in das Zimmer, wo der Bär lag und gerade einschlafen wollte. Das Tier sprang auf und wollte den Schneider fressen, der aber sprang aus dem anderen Fenster wieder hinaus, und der Bär ihm nach. Nun jagte der Bär den Schneider immer rund um das Haus, zum einen Fenster hinein und dann zum anderen wieder hinaus, zehn oder zwanzig Mal, bis der dicke Bär müde wurde und tot umfiel.

"Wer den Bären tötet, der soll die *Prinzessin* haben!" So hatte es der König in Berlin versprochen. Der Schneider ging also in seine Heimatstadt zurück, um seinen Lohn vom König zu bekommen. Dem König gefiel es aber gar nicht, dass seine Tochter ein armes

---

die Prinzessin, Tochter eines Königs

der Riese das Schneiderlein

Schneiderlein heiraten sollte Deshalb sagte er zum Schneider: "Du bekommst meine Tochter. Vorher musst du aber mit mir in den Krieg ziehen!" Denn der König in Berlin liebte erstens den Krieg über alles und dachte zweitens: "Im Krieg wird dieser arme Schneider bestimmt sterben."

Der Schneider durfte sich ein schönes weißes Pferd aussuchen, und los ging es in den Krieg. Unterwegs blieb der Schneider mit seinen Haaren in einem Baum hängen, während sein Pferd weiter lief, und der König dachte bei sich: "Na, bitte! Da haben wir es schon! Bleib du da ruhig hängen, bis du schwarz wirst!" Auf dem Rückweg von der ersten *Schlacht* lief das Pferd des Schneiders aber wieder unter dem Baum, in dem der kleine Mann hing, und der Schneider zog schnell sein Messer, schnitt sich die Haare ab, landete wieder auf dem Rücken seines Pferds und ritt weiter. "Hmmm!" sagte der König.

---

die Schlacht, wenn viele Menschen gegeneinander kämpfen

Nun ging es wieder in die Schlacht. Tapfer zog der Schneider sein Messer. Da sahen die Feinde die Worte LINKS ELF und RECHTS ZWÖLF. "Den Bären hat dieser Mann getötet, mit links bringt er elf Männer um, mit rechts zwölf!" riefen sie und liefen voller Angst davon. "Hmmm!" sagte der König.

Der Schneider ritt mit dem König nach Berlin und wollte jetzt *Hochzeit* feiern. Der König sagte aber: "Noch kannst du meine Tochter nicht heiraten. Da gibt es einen *Riesen*, der sie auch haben will. Mit ihm musst du vorher kämpfen!" "Wenn es weiter nichts ist", sagte der Schneider. "Wo ist denn dieser Riese?"

So groß wie der Riese war, musste der Schneider nicht lange nach ihm suchen. Als der Riese den kleinen Mann sah, wollte er gar nicht mit ihm kämpfen. Er wollte ihm lieber Angst machen. Also nahm der Riese einen Stein und drückte ihn mit einer Hand so fest, dass der Stein zu feinem Sand wurde. "Kannst du so etwas auch?" fragte er den Schneider. "Wenn es weiter nichts ist", sagte der Schneider, "das kann ich auch. Ja, ich kann den Stein sogar so fest drücken, dass Wasser daraus läuft." Und er zog einen Käse aus der Tasche, den er zum Mittagessen mitgebracht hatte, und drückte ihn so fest, dass das Wasser herauslief.

Das ärgerte den Riesen, und er nahm einen zweiten Stein und warf ihn so hoch in die Luft, dass es lange, lange dauerte, bis der Stein wieder zur Erde fiel. "Kannst du so etwas auch?" fragte er den Schneider. "Wenn's weiter nichts ist", sagte der Schneider, "das kann ich auch. Ja, ich kann den Stein sogar so hoch

---

die Hochzeit, zwei Menschen heiraten; sie feiern Hochzeit
der Riese, ein sehr großer, oft böser Mensch; siehe Zeichnung auf Seite 17

werfen, dass er gar nicht mehr zurückkommt." Er hatte nämlich eine *Taube* gefangen, die er sich zum Abendessen braten wollte. Diesen Vogel nahm er aus seiner Tasche und warf ihn in die Luft – und die Taube flog schnell davon und kam nicht wieder.

Jetzt ärgerte sich der Riese noch mehr und wollte den Schneider fangen und töten, aber der kleine Mann lief so lange zwischen den Beinen des Riesen hin und her, bis der Riese ganz *schwindlig* wurde, hinfiel und tot war. Nun ging das tapfere Schneiderlein zum König zurück und wollte endlich die Prinzessin zur Frau haben, aber der König sagte: "Eine Sache noch, dann ist alles gut und du sollst die Prinzessin bekommen." Und zwar sollte der Schneider den Ort finden, wo die Sonne untergeht. "Wenn's weiter nichts ist", sagte der Schneider, stieg auf sein weißes Pferd und ritt wie der Wind nach Westen, wo die Sonne gerade unterging. Er kam nie wieder.

In Berlin gibt es keine Könige und keine Prinzessinnen mehr, dafür aber viele Schneider aus aller Welt. Aber keiner von ihnen weiß, wo das tapfere Schneiderlein geblieben ist.

---

die Taube, ein Vogel; die Taube macht "Gurr, gurr!"
schwindlig, wenn du dich schnell drehst, wird dir schwindlig

Der Bauer und sein Esel

Zwei Soldaten waren auf dem Weg nach Schwedt an der Oder. Dort gab es einen großen Markt. Die Soldaten hatten aber kein Geld. Auf dem Weg nach Schwedt dachten sie darüber nach, wie sie zu Geld kommen könnten. Da sahen sie vor sich auf der Landstraße einen Bauern, der einen Esel an einem *Strick* führte. Der Esel und der Bauer sahen weder nach links noch nach rechts – und schon gar nicht nach hinten.

Die Soldaten kamen ganz leise näher und banden den Esel vorsichtig los. Der Bauer merkte nichts. Dann legte sich der eine Soldat den Strick um den Hals und ging weiter hinter dem Bauern her. Der andere blieb mit dem Esel auf der Straße stehen, fand einen anderen Weg nach Schwedt und verkaufte den Esel dort auf dem Markt.

Als der Bauer in Schwedt ankam, wollte er seinen Esel losbinden. "Was ist denn nun los?" rief er, als er den Soldat vor sich sah. "Wo ist mein Esel?" "Der bin ich!" antwortete der Soldat. "Unsinn, du bist doch ein Soldat." "Na ja, von der *Eselei* hatte ich *die Nase voll*, da bin ich Soldat geworden."

Was soll der Bauer tun? Er bindet den Mann los und lässt ihn laufen. Verkaufen kann er ihn nicht. Er will aber, wenn er schon in Schwedt ist, den Markt besuchen. Plötzlich bleibt er bei einem *Pferdehändler* ste-

---

der Strick, mit einem Strick kannst du etwas festbinden
Eselei, das Leben als Esel; aber auch: die Dummheit
die Nase voll haben, genug haben, keine Lust mehr haben
Pferdehändler, ein Mann, der Pferde und Esel verkauft

hen. Da ist ja sein Esel! Der Esel erkennt auch den Bauern wieder, denn er schreit "I-a!" und streckt den Kopf nach seinem alten Besitzer aus. Der Bauer sieht den Esel aber böse an und sagt: "Wer dich kennt, der kauft dich nicht: du gehst doch wieder zu den Soldaten!"

Der Fischer und der Tod

Im Land Brandenburg gibt es viele Flüsse, Seen und Inseln. Viele Menschen lebten früher als Fischer auf den Inseln. Von einem *Dorf* zum anderen kam man nur mit dem Boot. Eines Abends saß ein Fischer am Ufer der Havel und *flickte* seine *Netze*, als er vom anderen Ufer eine Stimme hörte: "Hol über!" Weil es schon fast dunkel war, und weil der Fischer wusste, dass alle Menschen aus seinem Dorf in ihren Häusern waren, rief er zurück: "Wer da?" Zur Antwort bekam er aber nur noch einmal den Ruf: "Hol über!" Also stieg er in sein Boot und fuhr zum anderen Ufer.

Dort stand ein sehr dünner Mann in einem schwarzen Mantel und mit einem schwarzen Hut auf dem Kopf. Diesen Mann hatte der Fischer noch nie in seinem Leben gesehen. Der Fremde sagte aber nichts, sondern sprang nur in das Boot und setzte sich an einem Ende hin. Als der Fischer zurückfuhr, war das Boot sehr schwer, und das Ende, an dem der Fremde saß, lag ganz

---

das Dorf, kleiner als eine Stadt; in einem Dorf wohnen Bauern oder Fischer
flicken, ganz machen, reparieren
das Netz, damit kann man viele Fische fangen

tief im Wasser. Die Sonne war noch nicht ganz untergegangen, aber dem Fischer war es so wie kalte Nacht. Er hatte Angst.

Als das Boot endlich am Ufer war, sprang der dünne Mann an Land und rief: "Der Lohn für deine Arbeit liegt im Boot!" Und als der Fischer genau hinsah, lag dort, wo der Fremde gesessen hatte, ein Haufen Gold. Der Fremde stand immer noch am Ufer und fragte den Fischer: "Weißt du nicht, wen du herübergeholt hast?" "Nein." "Du hast den Tod ins Dorf geholt. Aber weil du mir geholfen hast, sollst du am Leben bleiben!" Damit *verschwand* der Mann im schwarzen Mantel zwischen den dunklen Häusern.

Am nächsten Morgen wurden die ersten Menschen im Dorf krank. Alle starben: Männer, Frauen und Kinder – auch die Frau und die Kinder des Fischers. Nur er selbst blieb am Leben. Das Gold, sagt man, hat er nie angefasst, sondern zusammen mit seinem Boot irgendwo in einem See *versenkt*.

---

verschwinden, plötzlich nicht mehr da sein
versenken, untergehen lassen, sinken lassen

Die Loreley

Südlich von Koblenz sieht man zu beiden Seiten des Rheins hohe *Felsen* aus dunklem Stein. Hier wird der Fluss schneller, das Wasser *rauscht* wie tausend Stimmen, und auf den schwarzen Wellen sind weiße Kronen zu sehen. Unter dem Wasser sind aber gefährliche Steine und Felsen, und wer im Boot fährt und nicht aufpasst, ist schnell verloren.

der Felsen

Auf einem der hohen Felsen, so erzählen die Menschen an Rhein, ist manchmal abends eine sehr schöne junge Frau zu sehen. Sie trägt ein weißes Kleid, kämmt mit einem goldenen Kamm ihre langen, goldenen Haare und singt dabei ein trauriges, aber schönes Lied. Diese Frau ist die Loreley, und so heißt auch der Felsen. Wenn ein Fischer in seinem Boot die Loreley sieht und hört, so ist er verloren. Denn er wird *sich* in die schöne Frau *verlieben*, ob er will oder nicht. Viele Rheinfischer sind *ertrunken*, so sagt man, weil sie verliebt waren und die schöne Loreley hoch oben auf

---

der Felsen, ein sehr großer Stein
rauschen, der Wind rauscht in den Bäumen, der Zug rauscht im Tunnel, das Wasser rauscht im Fluss...
sich verlieben, anfangen, einen Menschen zu lieben
ertrinken, im Wasser untergehen und sterben

ihrem Felsen ansehen mussten. So sahen sie nicht die gefährlichen Felsen unter dem Wasser und sind mit ihren Booten untergegangen. Auch mancher Wanderer hat abends bei Sonnenuntergang die schöne Frau gehört und gesehen. Sie lacht ihm zu und *winkt*, aber wenn der verliebte Wanderer näher kommt und die weiße Frau mit den goldenen Haaren in seine Arme schließen will, fällt er hinunter in das dunkle Wasser und den sicheren Tod.

Woher kommt die Loreley? Vor Hunderten von Jahren lebte in der Stadt Bacharach am Rhein ein schönes Mädchen mit dem Namen Lore Ley. Jeder Mann, der die schöne Lore sah, verliebte sich sofort in sie. "Sie ist eine Hexe!" riefen die Menschen in der Stadt, holten sie aus ihrem Haus und brachten sie zum *Bischof*.

"Herr Bischof, ich möchte sterben!" sagte sie. "Meine Augen brennen wie Feuer, und mein Gesicht hat einen schrecklichen *Zauber*. Jeder Mann, der mir in die Augen sieht, muss mich lieben. Aber ich kann keinen Mann lieben. Lass mich bitte sterben!" Der Bischof hatte der jungen Frau aber schon in die Augen gesehen und war selbst verliebt. "Arme, schöne Lore Ley, ich kann dich nicht töten", sagte er. "Erzähle mir: Wer hat dich zur Hexe gemacht?"

"Ich bin keine Hexe. Mein Gesicht, meine Augen, ein paar freundliche Worte – das ist der ganze Zauber", antwortete Lore Ley. "Einen Mann habe ich geliebt, aber er ließ mich allein und ging mit einer anderen Frau fort in ein fremdes Land. Weil mich mein Liebster

---

winken, den Arm zum Gruß bewegen
der Bischof, hat ein wichtiges Amt in der Kirche
der Zauber, geheimes Wissen, Wundermittel, Hexenkunst

verlassen hat, kann ich und will ich aber nie mehr glücklich sein. So lass mich bitte sterben!"

Der Bischof schloss die Augen und sagte: "Du gehst in ein *Kloster*. Dort sieht dich kein Mann, und so kann niemand unglücklich werden. Du wirst eine *Nonne*, eine kleine, schwarz-weiße Nonne. Im Kloster wirst du deinen Liebsten vergessen und dich auf den Himmel vorbereiten. Mehr kann ich für dich nicht tun." Dann rief er drei seiner Diener und sagte: "Bringt dieses Mädchen ins Kloster!" Und so ritten die drei Männer mit Lore Ley davon.

Als sie am Felsen vorbeikamen, den man heute die Loreley nennt, sagte das Mädchen: "Drüben, auf der anderen Seite des Rheins, steht das Schloss, in dem mein Liebster früher wohnte. Von dort oben auf dem Felsen kann ich es bestimmt sehen. Bitte, lasst mich auf den Felsen steigen und ein letztes Mal das Schloss meines treulosen Freunds sehen. Dann will ich mit euch reiten und ins Kloster gehen und Nonne werden."

Die drei Diener des Bischofs hatten dem Mädchen schon in die Augen gesehen und konnten nicht nein sagen. So stieg sie schnell auf den hohen Felsen über dem Fluss. Tief unten rauschten die Wellen, und auf den Wellen schwamm ein kleines Fischerboot. "Jetzt wird mir das Herz weit! Jetzt bin ich wieder froh!" rief Lore Ley. "Dort unten, der Fischer in seinem Boot, der soll mein Liebster sein!" Und mit diesen Worten sprang sie vom Felsen hinunter in den dunklen Rhein.

---

das Kloster, im Kloster wohnen Menschen, die nicht heiraten, sondern nur Gott dienen wollen
die Nonne, eine Frau, die im Kloster wohnt

Die Heinzelmännchen von Köln

In vielen Teilen Deutschlands erzählt man von einem kleinen Volk, das in tiefen Wäldern oder dunklen *Höhlen* lebt. Manchmal sind diese *Zwerge* – wie man sie nennt – böse, meistens aber gut und *hilfreich*. Die Heinzelmännchen in Köln waren hilfreiche Zwerge. Anders als andere Zwerge aber lebten sie nicht draußen im Wald oder in einer Höhle, sondern wohnten in den Häusern der Menschen. Niemand hat sie gesehen, aber sie waren da, wenn man sie brauchte, und das war oft.

Die *Bürger* der Stadt Köln am Rhein waren nämlich faule Leute. Sie aßen gern Fleisch und tranken gern Bier, aber die Arbeit schmeckte ihnen nicht so gut. Zum Glück gab es die Heinzelmännchen. Wenn der Fleischer seine eigenen *Würste* aß und zu faul war, neue Würste zu machen, so machten das die Heinzelmännchen für ihn. Wenn die Bauarbeiter Bier tranken und nicht weiterbauen konnten, bauten die Heinzelmännchen die Häuser für sie fertig. Wenn der Bäcker bis weit nach Sonnenaufgang schlief, fand er trotzdem das frische Brot im Ofen. Die Heinzelmännchen hatten es für ihn gebacken. Und obwohl der Schneider faul war und nichts getan hatte, wurde der neue Anzug des *Bürgermeisters* pünktlich fertig.

Die Kölner hatten es wirklich gut.

---

die Höhle, ein Loch im Felsen oder in der Erde
der Zwerg, ein sehr kleiner Mensch
hilfreich, immer bereit zu helfen
der Bürger, (hier:) ein Mensch, der in einer Stadt wohnt
die Wurst, wird aus Fleisch gemacht und hat zwei Enden; sie wird gekocht oder kommt kalt aufs Brot
der Bürgermeister, ist wie der "König" einer Stadt

Aber eines Tages war es mit ihrem Glück vorbei, und das kam so: Der Schneider hatte eine junge Frau geheiratet, die aus einer anderen Stadt kam, nicht aus Köln, und diese Frau war sehr *neugierig*. Jeder Mensch weiß, dass die Zwerge ein *scheues* Volk sind. Sie wollen nicht, dass man sie sieht. Darum leben sie ja im tiefen Wald oder in dunklen Höhlen oder – wie in Köln – unter dem Fußboden oder hinter der Wand oder unter dem Sofa. Die Bürger von Köln hatten nichts dagegen. Wichtig war nur, dass die Heinzelmännchen die Arbeit machten! Die neugierige Schneidersfrau wollte aber die Heinzelmännchen bei der Arbeit sehen. So wollte sie nachts wach bleiben und auf die Heinzelmännchen warten. Aber immer schlief sie ein, bevor die Heinzelmännchen herauskamen und mit der Arbeit anfingen.

Da kam sie auf eine – wie sie meinte – kluge Idee. Sie legte trockene *Erbsen* auf die Treppe und ging ins Bett. "Wenn die Heinzelmännchen herauskommen", dachte die Frau bei sich, "treten sie auf die Erbsen, ich höre sie dann und werde wach." Auf dem Schneidertisch ihres Mannes unten in der Werkstatt lag wieder einmal eine Jacke, die noch nicht fertig war, und so kamen die Heinzelmännchen nachts heraus und wollten sich an die Arbeit machen. Als sie aber auf die Erbsen traten, *rutschten* sie alle *aus* und fielen einer nach dem anderen mit großem Lärm die Treppe hinunter.

Der Schneidersfrau tat das sehr leid, aber es war zu spät. Die Heinzelmännchen verschwanden noch in

---

neugierig, wer alles wissen will, ist neugierig
scheu, wer Angst vor Menschen hat, ist scheu
die Erbse, ist klein und rund; frische Erbsen sind grün
ausrutschen, auf dem Eis kann man leicht ausrutschen

dieser Nacht aus Köln. Nun mussten die Kölner wie alle anderen Menschen ihre Arbeit selber machen.

Ringelfest

Es lebten einmal ein König und eine Königin, die hatten eine Tochter, die sie sehr liebten. Die Tochter hatte einen Hund, mit dem sie immer zusammen war und den sie "Ringelfest" nannte.

Eines Tages aber starb die Königin, und der König nahm sich eine neue Frau. Diese Frau brachte eine eigene Tochter mit aufs Schloss. Die *Stiefmutter* konnte die Königstochter nicht leiden. Da musste der König in den Krieg ziehen und die Königin mit den beiden Mädchen allein lassen.

Es war mitten im Winter, und die böse Stiefmutter zog der Königstochter die Schuhe aus und schickte sie in den Wald. Sie sollte *Erdbeeren* pflücken. Das arme Mädchen bekam schrecklich kalte Füße, und natürlich gab es im Winter keine Erdbeeren im Wald. Da sah das Mädchen eine kleine *Hütte*, in der drei alte Frauen um ein Feuer saßen. "Darf ich hereinkommen?" fragte die Königstochter höflich, und die Frauen hatten nichts dagegen.

Nach einer Weile sagte eine der Frauen: "Mädchen,

---

die Stiefmutter, nicht die richtige Mutter; die Frau des Vaters
die Erdbeere, eine rote, süße Frucht; in Deutschland gibt es im Juni Erdbeeren
die Hütte, ein sehr kleines Haus, meistens aus Holz

kannst du mir nicht einmal den Rücken kratzen?" "Ja, das kann ich", antwortete das Mädchen, "aber ich habe so scharfe Fingernägel. Ich werde dir weh tun." "Du tust mir nicht weh", sagte die Alte. "Kratz nur." Und die Prinzessin kratze ihr den Rücken.

Als sie fertig war, sagte die zweite Frau: "Mädchen, kannst du mir nicht einmal die Nase *putzen*?" "Ja, das kann ich", antwortete das Mädchen, "aber meine *Schürze* ist so *rauh*. Ich werde deiner Nase weh tun." "Du tust mir nicht weh, putz nur!" sagte die Alte. Und die Prinzessin putzte ihr die Nase.

Da sagte die dritte Frau: "Mädchen, kannst du mir nicht einmal die Fingernägel schneiden?" "Ja, das kann ich. Aber ich habe nur ein altes Messer bei mir. Ich werde dir vielleicht weh tun." "Nein, nein, du tust mir nicht weh." Und die Prinzessin schnitt der alten Frau die Fingernägel. Danach setzte sie sich wieder ans Feuer, um sich zu wärmen.

Die drei Hexen (denn es waren bestimmt Hexen) sprachen leise miteinander: "Das ist ein gutes Kind. Was wollen wir dem Mädchen wünschen?"

Die erste sagte: "Ich wünsche diesem Mädchen, dass es das schönste Mädchen auf der ganzen Welt ist." Die zweite sagte: "Ich wünsche diesem Mädchen einen reichen Prinzen als Mann." Die dritte sagte: "Und ich wünsche diesem Mädchen einen Korb voller Gold."

Als die Königstochter wieder zum Schloss zurückkam, sahen alle, wie schön sie geworden war. Die Stief-

---

putzen, sauber machen
die Schürze, wird über der Hose oder dem Rock getragen, damit die Kleidung nicht schmutzig wird
rauh, das Gegenteil von weich

mutter fragte aber nur: "Wo sind denn die Erdbeeren, die du holen solltest?" Das Mädchen stellte ihren Korb auf den Tisch, und statt Erdbeeren hatte sie viele Goldstücke mitgebracht. Da wurde die Stiefmutter plötzlich sehr freundlich und fragte: "Wie bist du zu dem Gold gekommen?" Und das Mädchen erzählte ihr von der Hütte im Wald und den drei alten Frauen, und sofort zog die Stiefmutter ihrer Tochter die Schuhe aus, drückte ihr einen großen Korb in die Hand und schickte sie in den Wald, um noch mehr Gold zu holen.

Das Mädchen fand auch die Hütte, und da waren die drei Hexen und saßen um ihr Feuer und ließen das Mädchen auch gleich hereinkommen, um sich die Füße zu wärmen. Da sagte die erste Frau: "Mädchen, kannst du mir nicht einmal den Rücken kratzen?" "Puh!" sagte das Mädchen. "Da mache ich mir ja die Fingernägel kaputt!"

Die zweite Frau fragte: "Mädchen, kannst du mir nicht einmal die Nase putzen?" "*Igitt*! Mit meiner sauberen Schürze? Nein!" rief das Mädchen.

Und die dritte Frau fragte: "Mädchen, kannst du mir nicht einmal die Fingernägel schneiden?" "Das wird ja immer schlimmer mit diesen alten Leuten. Sei nicht so faul und mach's doch selber", antwortete das Mädchen und wärmte sich weiter die Füße am Feuer.

Die drei Hexen sprachen leise miteinander: "Das ist ein böses und unhöfliches Mädchen. Was wollen wir der jungen Dame wünschen?"

Die erste sagte: "Ich wünsche, dass sie das hässlichste Mädchen aus der ganzen Welt ist." Die zweite: "Ich

---

igitt! Iiih! Bäh! Pfui!

wünsche ihr, dass sie wie ein wildes Tier *knurren* soll." Und die dritte: "Und ich wünsche ihr einen Korb voller *Kröten* und *Schlangen*."

die Kröte

die Schlange

Und so kam es auch. Als die Stieftochter nach Hause kam, bekamen alle einen Schreck, so hässlich war sie geworden. Auch ihre Mutter bekam einen Schreck, rief aber: "Wo sind die Erdbeeren, die du mitbringen solltest?" Zur Antwort knurrte das Mädchen wie ein wildes Tier und stellte den Korb auf den Tisch. Heraus kamen *eklige* Kröten und giftige Schlangen.

Nach diesem Schreck wurde die Stiefmutter richtig böse, und sie schickte die Königstochter jeden Tag in den Garten, wo sie hart arbeiten musste. Dabei sang sie aber immer ein fröhliches Lied, und eines Tages kam ein junger Königssohn in seiner *Kutsche* vorbei und hörte das Lied. Er stieg aus, sah die schöne junge Frau, verliebte sich sofort in sie und fragte sie, ob sie seine Frau werden und mit ihm in seinem Schloss am Meer wohnen wollte. Das Mädchen sagte: "Ja, aber nur wenn ich auch meinen Hund Ringelfest mitnehmen kann." Der Prinz war einverstanden, und sie fuhren davon, der

---

knurren, wenn ein Hund knurrt, soll man ihn in Ruhe lassen
die Kröte, ein Tier wie ein dicker Frosch; oft mit Warzen auf der Haut
die Schlange, Kobra, Python, Viper usw. sind Schlangen
eklig, sehr unangenehm, unappetitlich, unschön
die Kutsche, wie ein Auto, aber von Pferden gezogen

Königssohn, die Königstochter und der Hund Ringelfest.

Im Schloss am Meer lebten der Prinz und die Königstochter glücklich, und als seine alten Eltern starben, wurden sie König und Königin. Eines Tages aber musste der neue König weit weg fahren und in den Krieg ziehen. Und gerade in dieser Zeit bekam die Königin ein Kind. Als die böse Stiefmutter vom Glück des jungen Königspaars hörte, wurde sie blass und grün vor Ärger und Neid. Sie nahm ihre hässliche Tochter und reiste zum Schloss am Meer, wo sie ganz freundlich tat und der jungen Mutter half, so dass die junge Königin bei sich dachte: "So böse ist sie gar nicht mehr."

In Wirklichkeit aber war die Stiefmutter noch viel böser geworden. Eines Tages sagte die Stiefmutter zur Königin: "Du solltest nicht immer im Bett bleiben. Steh auf und komm ans Fenster, die frische Luft wird dir gut tun." Die Königin stand auf, und als sie am Fenster war, gab ihr die Stiefmutter einen Stoß, so dass die Königin aus dem Fenster fiel und in die tiefe, blaue See. Unten fuhren aber gerade *Seeräuber* vorbei, die sie aus dem Wasser fischten. Sie legten der Königin eine dicke Kette ans Bein und nahmen sie mit sich fort.

Die Stiefmutter sagte ihrer Tochter: "Leg dich ins Bett der Königin." Dem König schrieb sie einen Brief: "Deine Frau hat eine schöne Tochter bekommen. Leider ist sie selbst dabei ganz hässlich geworden." Als der König aus dem Krieg zurückkam und die hässliche Frau in seinem Bett sah, bekam er einen Schreck, aber er sagte: "Es ist mir gleich, ob sie schön oder hässlich ist,

---

der Seeräuber, ein Pirat; ein Räuber, der auf dem Meer lebt

wenn sie nur gesund ist." Er hatte ja nur Augen für seine süße Tochter. Das Kind aber wollte nicht aufhören zu weinen und zu schreien.

Die richtige Königin hörte oft, wie ihr Kind weinte. Ihr brannte das Herz. Sie bat die Seeräuber: "Bitte, lasst mich noch drei Nächte zu meinem armen Kind gehen." Weil sie so schön und gut war, konnten die Seeräuber nicht nein sagen, aber die lange, schwere Kette durfte sie nicht abnehmen. In der Nacht kam das *Piratenschiff* ans Ufer, und die Königin stieg an Land. Da rief sie ihren Hund:

Ringelfest! Ringelfest!
Schlafen alle Menschen fest?

Der Hund hörte seine Herrin und rannte zu ihr und antwortete:

Ja, sie schlafen alle,
Nur du und ich sind wach.
Und dein armes *Kindelein*,
Das *weinet* Tag und Nacht.

Die Königin *streichelte* den Hund und sagte: "Geh bitte ins Schloss und hol mir mein Kind."

Der Hund lief ins Schloss und brachte das Kind in seinem *Maul* zur Königin. Sie weinte vor Freude, als sie ihre kleine Tochter sah, küsste sie und gab ihr zu trinken. Dann trug der Hund das Kind zurück ins Schloss, und die Piraten zogen die Mutter an der Kette zurück ins Schiff und fuhren vor Sonnenaufgang davon.

---

das Piratenschiff, ein Seeräuberschiff
das Kindelein, das kleine Kind (Kindlein)
weinet, weint
streicheln, Katzen lieben es, wenn man sie streichelt
das Maul, der Mund eines Tiers

Der König lag wach im Bett. Er konnte nicht schlafen, weil sein geliebtes Kind immer nur weinte und schrie. Plötzlich wurde es ruhig. Der König stand auf und ging zur Tür, und als er sie vorsichtig und ganz leise aufmachte, sah er noch, wie Ringelfest die kleine Tochter zurück ins Bett brachte.

In der nächsten Nacht ging der König nicht ins Bett, sondern *versteckte sich*. Und da sah er, wie die Königin kurz vor *Mitternacht* zum Schlosstor kam und rief:

Ringelfest! Ringelfest!
Schlafen alle Menschen fest?

Und dann sah der König, wie der Hund kam und antwortete:

Ja, sie schlafen alle,
Nur du und ich sind wach.
Und dein armes Kindelein,
Das weinet Tag und Nacht.

Und dann lief der Hund und holte das Kind, und die Mutter küsste ihre Tochter und gab ihr zu trinken, und dann brachte der Hund das Kind wieder zurück ins Schloss, und die Mutter musste zurück zum Piratenschiff. Deutlich sah der König im Mondlicht die schwere Kette an ihrem Fuß.

In der dritten Nacht versteckte sich der König vor dem Schlosstor mit einer großen *Axt*. Und in dieser Nacht sollte die Frau zum letzten Mal kommen, denn die Piraten wollten in ferne Länder fahren. Sie rief:

Ringelfest! Ringelfest!
Schlafen alle Menschen fest?

Und der Hund kam und antwortete:

---

sich verstecken, niemand darf dich sehen: du musst dich verstecken
(die) Mitternacht, zwölf Uhr nachts (vierundzwanzig Uhr)
die Axt, damit kann man aus Bäumen Kleinholz machen

Ja, sie schlafen alle,
Nur du und ich sind wach.
Und dein armes Kindelein,
Das weinet Tag und Nacht.

"So hol mir das Kind bitte!" sagte die Königin, und der Hund rannte davon und brachte ihr das Kind. Sie gab ihrer Tochter zu trinken und weinte und ließ das Kind dann zurück.

Da sprang der König aus seinem *Versteck* und schlug mit der Axt auf die Kette. Dreimal musste er darauf schlagen, dann war sie kaputt, und seine Königin war frei und fiel ihm um den Hals und weinte wieder, aber jetzt vor Freude.

Am nächsten Tag rief der König die Schwiegermutter zu sich und fragte sie vor allen Menschen: "Was soll man mit einem Menschen machen, der eine Königin zu töten versucht und einen anderen Menschen an ihre Stelle setzt?" Die Schwiegermutter bekam einen Schreck, aber was sollte sie antworten? "Dieser Mensch muss sterben", sagte sie. "Gut", sagte der König, "wie du es gesagt hast, soll es mit dir geschehen."

Dann rief er das hässliche Mädchen zu sich. "Was macht man, wenn man einen Schlüssel verloren hat, man kauft einen neuen, der nicht so gut passt, und dann findet man den alten Schlüssel wieder?" fragte er. "Das ist doch klar. Man wirft den neuen weg und behält den richtigen", erklärte das hässliche Mädchen. "Gut", sagte der König, "dann pack deine Sachen und geh." Das Mädchen knurrte zur Antwort wie ein wildes Tier, packte seine Sachen und verschwand.

Der König war froh, dass er seine schöne Frau wie-

---

das Versteck, ein Platz, wo man sich verteckt

der hatte; das Kind weinte nicht mehr, sondern lachte vor Freude; Ringelfest durfte immer bei der Königin auf dem Bett schlafen. Und wenn sie nicht gestorben sind, so leben sie noch heute.

Der *Rattenfänger* von Hameln

Die kleine Stadt Hameln liegt an der Weser, südwestlich von Hannover. Vor über 700 Jahren passierte hier etwas Schreckliches.

Früher waren in allen Städten *Ratten* und Mäuse eine große *Plage*. Sie fraßen das *Korn* und das Brot, machten den Frauen Angst, bissen die Kinder und brachten Krankheit und Tod mit sich. Darum waren die Bürger von Hameln sehr froh, als im Jahre 1284 ein Mann in die Stadt kam, der ihnen versprach, ihre Häuser von Ratten und Mäusen zu *befreien*. Dafür versprachen die Bürger ihm einen guten Lohn.

Der Fremde trug einen Anzug aus bunten *Flicken* und sah etwas merkwürdig aus. Aber sein Handwerk verstand er. Aus der Tasche zog er eine kleine *Flöte* und spielte darauf eine Melodie, die noch niemand gehört

---

der Rattenfänger, (hier:) ein Mensch, der Ratten und Mäuse fängt
die Ratte, wie eine große Maus
die Plage, zu viele Fliegen, Mäuse, Ratten usw.
das Korn, daraus macht man Brot
befreien, frei machen, freilassen
der Flicken, ein Stück Stoff, mit dem ein Loch geflickt wird
die Flöte, ein Musikinstrument mit einem hohen, hellen Ton

hatte. Aus allen Häusern der Stadt, aus dunklen Löchern und Verstecken kamen die Ratten und Mäuse, liefen durch die Straßen und setzten sich im Kreis um den Rattenfänger. Der Mann in seinem bunten Anzug spielte immer weiter und ging durch das *Stadttor* hinaus und hinunter zur Weser. Ihm folgten Tausende von grauen und braunen, großen und kleinen Ratten und Mäusen. Als er das Ufer erreichte, stieg der bunte Mann ins Wasser und ging weiter, bis er kaum noch stehen konnte. Die Ratten und Mäuse sprangen ihm nach und ertranken alle im Fluss.

So weit, so gut. Die Bürger von Hameln waren aber *geizig*. Jetzt wollten sie dem Rattenfänger den versprochenen Lohn nicht zahlen. Der Fremde wurde böse, schlug auf den Tisch und verlangte sein Recht, die Bürger lachten aber nur. So musste er ohne Lohn fortgehen.

Das war im Frühling. Der Sommer kam. Eines Morgens kurz nach Sonnenaufgang war der Mann im bunten Flickenanzug wieder da. Auf dem Kopf trug er jetzt einen roten Hut, und in der Hand hielt er eine neue Flöte. Als er auf dieser Flöte eine neue, fremde und schöne Melodie spielte, kamen aus allen Häusern der Stadt die Kinder, arme und reiche, kleine von vier Jahren und große, die schon zwölf oder vierzehn waren, Jungen und Mädchen, liefen durch die Straßen und setzten sich im Kreis um den Rattenfänger. Der Mann mit dem roten Hut spielte immer nur weiter und mar-

---

das Stadttor, früher hatten die Städte eine Mauer; das Stadttor war der Eingang zur Stadt

geizig, wer alles für sich behalten will, ist geizig

schierte durchs Stadttor hinaus, und hinter ihm sprangen und tanzten die Kinder.

Der Rattenfänger führte sie aber nicht hinunter zur Weser, sondern zu einem kleinen Berg, dem Poppenberg, den man noch heute in der Nähe von Hameln sehen kann. Ein *Kindermädchen*, das mit einem Baby auf dem Arm den Kindern nachgelaufen war, sah, wie sich der Berg plötzlich öffnete und der Rattenfänger mit den Kindern darin verschwand. Dann schloss sich der Berg wieder, und alles war ganz still.

Einhundertunddreißig Kinder waren verschwunden. Zurück blieben nur die ganz Kleinen, die noch nicht gehen konnten, und zwei ältere Kinder: das eine war blind, das andere *taub*. Tagelang, wochenlang, monatelang suchten die Eltern nach ihren Kindern. Die Väter riefen ihre Namen, die Mütter weinten. Die Kinder von Hameln kamen aber nie wieder nach Hause.

In der Straße, auf der die Kinder zum Stadttor hinausgingen, darf man bis heute weder tanzen noch Musik spielen, und wenn eine *Braut* mit Musik zur Kirche gebracht wird, so müssen die Instrumente still sein, wenn die Hochzeitsgesellschaft durch diese traurige Straße geht.

---

das Kindermädchen, eine junge Frau, die auf Kinder aufpasst
taub, wer nicht hören kann, ist taub
die Braut, eine Frau, die Hochzeit macht oder machen wird

Eine Hexengeschichte: Die *Gänsemagd*

In ganz Deutschland hört man Geschichten von Hexen. Der Harz – eine bergige Gegend zwischen Sachsen-Anhalt und Niedersachsen – ist aber Deutschlands Hexenzentrum. Jedes Jahr in der "Walpurgisnacht", das ist die Nacht vom 30. April zum 1. Mai, fliegen Hexen aus allen Teilen Deutschlands auf ihren *Besen* durch die Luft zum großen Hexenfest auf dem Brocken. Der Brocken ist der höchste Berg im Harz, wo es auch andere Hexenplätze gibt.

der Besen

Früher, als Europa noch nicht *christlich* war, glaubten viele Menschen an die "Große Mutter". Die Große Mutter war eine mächtige Göttin. Die Menschen liebten sie, hatten aber auch Angst vor ihr. Ihre Dienerinnen verstanden etwas von Zauber. Vielleicht haben sich Frauen auch noch in früher christlicher Zeit in tiefen Wäldern und auf hohen Bergen getroffen, um Feste der Großen Mutter zu feiern. Und das ist viel-

die Gänsemagd, ein Mädchen, das auf Gänse aufpasst
die Gans, ein großer, weißer Vogel, wie eine Ente
der Besen, mit einem Besen macht man den Boden sauber
christlich, in christlichen Ländern glauben die meisten Menschen, dass Jesus Christus der Sohn Gottes war

leicht auch der Grund für den Glauben an Hexen. Vor bösen Hexen hatten die Menschen Angst; Hexen konnten aber auch gut und hilfreich sein, wie das Märchen von der Gänsemagd zeigt:

Eines Tages ging ein junger Prinz durch den Wald. Es war Herbst, die Vögel sangen, die Sonne schien, die Luft war kühl, und der hübsche junge Mann war fröhlich. Da sah er eine alte Frau, die auf den Knien Gras schnitt. Sie hatte schon einen ganzen Korb voller Gras neben sich, außerdem zwei weitere Körbe voller wilder Äpfel.

"Aber Mütterchen", sagte der junge Mann, "wie willst du das alles tragen?" "Ich muss das alles tragen, junger Herr", antwortete die Frau. "Ja, bei den reichen Leuten ist es anders, aber bei den armen Leuten heißt es:

Sieh dich nicht um,
Dein *Buckel* ist krumm."

"Ich könnte dir vielleicht helfen", begann der junge Prinz. Bevor er wusste, was mit ihm geschah, hatte die Alte ihm alle drei Körbe auf den Rücken geworfen und ging ihm schon voraus. Bald wurden dem jungen Mann die Körbe schwer und immer schwerer, und außerdem ging der Weg jetzt nach oben und wurde immer enger.

Aber die Alte sprang herum wie ein junges Kind, und als der Weg ganz eng wurde, sprang sie auch noch auf einen der Körbe. Sie war ganz alt und klein und dünn, aber so schwer wie die dickste Bäuerin. Der junge Prinz wollte die Körbe absetzen, aber es ging nicht. Sie waren wie festgewachsen an seinem Rücken, und die Alte schlug ihn mit ihrem Stock und sagte: "Trage alles mit Geduld, so will ich dir am Ende einen schönen Lohn geben."

Endlich sahen sie die Hütte der Alten. Ihr kamen ihre weißen Gänse entgegen, streckten die Hälse und riefen: "Wulle, wulle!" Hinter den weißen Gänsen ging eine junge Frau, hässlich wie die Nacht. "Mutter, wo bleibst du nur so lange?" fragte die Gänsemagd. Die Alte sprang vom Korb herunter und sagte nur: "Schnell ins Haus mit dir, meine Tochter. Sonst verliebt sich der junge Mann noch in dich." Der junge Mann dachte sich: "Na, davon träumst du wohl!" Er sagte aber nichts, sondern setzte die schweren Körbe ab, legte sich auf eine Bank vor der Hütte und ruhte sich aus. Bald schlief er ein. Als er wach wurde, stand die Alte vor ihm.

"Steh auf!" sagte sie. "Hier kannst du nicht bleiben. Der Abend kommt. Die Arbeit war schwer, aber das Leben hat es nicht gekostet. Und jetzt sollst du deinen Lohn erhalten. Geld und Land brauchst du ja nicht, hier hast du etwas, das dir Glück bringen wird." Und sie gab ihm ein *Kästchen*, das aus einem wertvollen Stein gemacht war.

Der Prinz fühlte sich wieder frisch und stark, und so

---

das Kästchen, ein kleiner Kasten

machte er sich auf den Weg. Im Wald fand er aber den richtigen Weg nicht mehr und kam erst nach drei Tagen in eine Stadt. Dort kannte ihn niemand. Man brachte ihn zum Schloss, wo der König und die Königin wohnten, und er musste ihnen seine Geschichte erzählen. Dabei zeigte er der Königin das Kästchen. Als sie das Kästchen aufmachte, fiel sie wie tot zur Erde. Schon wollten die Soldaten des Königs den jungen Mann töten oder doch ins Gefängnis bringen, da öffnete die Königin wieder die Augen und bat den König, sie mit dem jungen Prinzen allein zu lassen. Als alle gegangen waren, fing die Königin an zu weinen und erzählte die folgende Geschichte:

"Was hilft mir meine Krone, was hilft mir mein Schloss und aller Reichtum? Jeden Tag bin ich traurig, jeden Tag muss ich weinen. Drei Töchter hatte ich. Die jüngste Tochter war so schön, dass alle Welt sie für ein Wunder hielt. Ihre Haut war weiß wie Schnee, ihre *Wangen* rot wie Äpfel, ihre Haare golden wie die Sonne. Wenn sie weinte, fielen keine Tränen aus ihren Augen, sondern *Perlen*. Als sie fünfzehn Jahre alt war, rief mein Mann, der König, alle drei Töchter zu sich und sagte: "Meine Töchter, ich weiß nicht, wann mein letzter Tag kommt, darum will ich jetzt schon bestimmen, was jede von euch nach meinem Tod bekommen soll. Sagt jetzt: Wie lieb habt ihr mich? Und wer mich am liebsten hat, soll auch das Beste bekommen."

Die älteste Tochter dachte nicht lange nach: "Ich habe dich so lieb wie Zucker", sagte sie. Und die zweitälteste Tochter sagte: "Ich habe dich so lieb wie

---

die Wange, links und rechts vom Mund sind die Wangen
die Perle, ist klein, rund, weiß und sehr wertvoll

mein schönstes Kleid." Da sagte der Vater zur jüngsten Tochter: "Und du, mein liebstes Kind, wie lieb hast du mich?" "Ich weiß nicht", antwortete sie. "Ich kann meine Liebe mit nichts vergleichen." Der Vater wurde aber ärgerlich, und so sagte sie endlich: "Das schönste Essen schmeckt mir nicht ohne Salz, darum habe ich dich so lieb wie Salz." Als der König das hörte, ärgerte er sich sehr und sagte: "Wenn deine Liebe wie Salz ist, so soll auch dein Lohn wie Salz sein!" Er gab ihr einen Sack mit Salz, den musste sie auf dem Rücken tragen, und jagte sie hinaus in den wilden Wald. Ach, wie habe ich geweint! Wie hat sie Perlen geweint! Aber der Vater blieb hart. Später hat ihm seine Härte leid getan, und er hat seine Diener hinausgeschickt, um nach der Tochter zu suchen. Aber niemand hat auch nur eine kleine Spur von ihr gefunden. Das war vor drei Jahren. Und nun höre: Als ich das Kästchen öffnete, fand ich darin eine Perle, wie sie früher meine Tochter geweint hat. Erzähl mir bitte, wie du zu diesem Kästchen gekommen bist."

Der junge Prinz erzählte nun von der alten Frau, die bestimmt eine Hexe gewesen war. Eine junge Prinzessin hatte er aber nicht gesehen. Der König und die Königin wollten trotzdem die Hexe besuchen und sie nach der verlorenen Tochter fragen.

Im Wald konnten der Prinz und das Königspaar aber den richtigen Weg nicht finden, und als es dunkel wurde, verlor der Prinz das Königspaar aus den Augen. Er fand endlich einen Weg aus dem Wald und versteckte sich in der Nähe eines *Brunnens* aus Angst vor wilden Tieren in einem Baum.

---

der Brunnen, ein Loch in der Erde, aus dem man Wasser holt

Der Mond ging auf, und im Mondlicht sah der junge Mann, wie eine Frau zum Brunnen ging. Es war die hässliche Hexentochter, die Gänsemagd. Am Brunnen zog sie die Haut ihres Gesichts ab, und sie fiel herunter wie eine hässliche *Maske*. Darunter war ein schönes Mädchengesicht, mit schneeeweißer Haut, roten Wangen und goldenen Haaren. Dem jungen Mann blieb fast das Herz stehen, so schön sah das Mädchen im Mondlicht aus. Die Schöne holte Wasser aus dem Brunnen und wusch sich das Gesicht. Dann wusch sie auch die hässliche Maske. Danach setzte sie sich ins Gras und weinte. Da hielt es der junge Mann in seinem Baum nicht länger aus und wollte hinunterspringen. Aber als sie das *Rascheln* im Baum hörte, bekam die Schöne Angst, sprang auf, griff die Maske und rannte in den dunklen Wald hinein.

Als sie zur Hexe in die Hütte kam, war die Alte dabei, mit einem Besen alles sauber zu machen. "Was machst du, Mutter?" fragte das Mädchen. "Wieso arbeitest du so spät?" Die Alte antwortete nicht, sondern fragte: "Weißt du, wie spät es ist?" "Schon elf vorbei, aber noch nicht Mitternacht", sagte das Mädchen. "Hast du vergessen, dass du vor genau drei Jahren zu mir gekommen bist?" fragte die Alte. "Jetzt können wir nicht mehr zusammen bleiben." Das Mädchen sagte: "Ach, liebe Mutter, willst du mich allein lassen? Wo soll ich hin? Ich kenne niemanden und bin nirgendwo zu Hause. Ich habe doch immer gut gearbeitet und habe immer alles getan, was du mir gesagt hast. Lass mich bitte nicht allein!" Die Alte antwortete ihr aber nicht,

---

die Maske, hinter einer Maske versteckst du dein Gesicht
rascheln, die Blätter eines Baums rascheln im Wind

sondern sagte nur: "Hier kann ich nicht bleiben. Wenn ich gehe, muss aber alles sauber sein. Störe mich also nicht bei der Arbeit, sondern gehe in dein Zimmer, nimm die Haut vom Gesicht und ziehe das Kleid an, das du getragen hast, als du hierher kamst. Komme erst heraus, wenn ich dich rufe."

Inzwischen hatte der junge Prinz den Weg durch den Wald gefunden und stand vor der Hütte. In einem Fenster brannte noch Licht. Vor der Tür traf er den König und die Königin, die dem Licht aus der Hütte gefolgt waren und auf diese Weise auch den Weg aus dem Wald gefunden hatten. Die Gänse schliefen fest und sagten keinen Ton. "Kommt schon herein!" rief die Hexe. "Ich kenne euch schon!"

In der Hütte war es so sauber, als wenn jemand auf Reisen gehen will und alles ordentlich hinterlassen will. "Ihr habt einen langen Weg gemacht", sagte die Alte zum Königspaaar. "Diesen Weg musstet ihr gehen, weil ihr eure Tochter davongejagt habt. Das war nicht richtig. Denn sie ist nicht nur ein schönes, sondern auch ein gutes Kind. Drei Jahre lang hat sie bei mir als Gänsemagd gearbeitet, und dabei hat sie bestimmt nichts Böses gelernt, sondern ihr reines Herz behalten. Und ihr seid durch die drei Jahre Angst um eure Tochter auch genug bestraft." Dann ging sie zu einer Tür und rief: "Komm heraus, meine Tochter!"

Da ging die Tür auf, und heraus trat die Prinzessin in einem wunderschönen Kleid, und mit ihren goldenen Haaren und ihren leuchtenden Augen sah sie aus wie ein *Engel*. Sie ging auf ihre Eltern zu, umarmte und

---

der Engel, wohnt im Himmel mit Gott

küsste sie, und sie konnten nicht anders, alle mussten weinen.

"Liebes Kind", sagte der Vater, "mein *Königreich* habe ich deinen Schwestern geschenkt, was soll ich dir geben?"

"Sie braucht nichts von dir", sagte die Hexe. "Ich schenke ihr die Tränen, die sie um euch geweint hat, das sind lauter Perlen, schöner als alle, die im Meer gefunden werden, und mehr wert als euer ganzes Königreich! Und zum Lohn für ihre Dienste schenke ich ihr mein Häuschen!" Als sie das gesagt hatte, verschwand die Alte mit Blitz und Donnerschlag, und aus der Hütte war ein herrliches Schloss geworden, und auf dem Tisch stand ein Essen bereit, und die Diener liefen hin und her.

Die Geschichte geht noch weiter, aber die alte Frau, die sie mir erzählt hat, hatte sie als Kind von ihrer alten Großmutter gehört und kann sich nicht mehr so gut an den Rest erinnern. Vielleicht heiratet die Prinzessin den jungen Mann und lebt mit ihm in dem schönen Schloss? Vielleicht waren die weißen Gänse lauter junge Mädchen, die von der alten Frau verzaubert wurden, um sie vor bösen Menschen zu schützen? Und nun bleiben sie vielleicht als Dienerinnen bei der jungen Prinzessin? Und vielleicht hat die Hexe der Prinzessin schon bei der Geburt die wertvolle Fähigkeit geschenkt, Perlen statt Tränen zu weinen. Wer weiß? Heute gibt es so etwas leider nicht mehr, sonst könnten die armen Leute, die viel weinen müssen, bald reich werden.

---

das Königreich, das Land, das einem König gehört

Der *Wettlauf* zwischen *Hase* und *Igel*

Es war an einem schönen Sonntagmorgen im Herbst. Der Igel stand in seiner Tür, steckte die Nase in die warme Luft, hörte die Vögel singen und sang selbst ein kleines Lied, so gut und so schlecht, wie ein Igel eben singen kann.

Da kam der Hase vorbei. "Guten Morgen, Herr Hase!" grüßte der Igel freundlich. Der Hase aber war ein stolzer Herr und antwortete nicht. Der Igel blieb freundlich und fragte: "Wohin gehst du an diesem schönen Morgen?"

Der Hase wollte nach seinem *Kohl* sehen. Eigentlich war es nicht sein Kohl, sondern der Kohl des Bauern, aber der Hase aß immer davon. In seinen Augen war es sein Kohl. Dem Igel sagte er aber: "Ich mache einen Sonntagsspaziergang, wie du siehst." "Einen Sonntagsspaziergang! Das ist eine gute Idee. Ich komme mit!" sagte der Igel. Das gefiel dem Hasen gar nicht. Seinen Kohl wollte er mit keinem teilen, schon gar nicht mit dem Igel. Also sagte er: "Spazieren gehen? Du? Mit deinen kurzen, krummen Beinen?"

Das war ein Fehler. Denn so ein Igel ist sehr stolz auf seine Beine, auch wenn sie kurz und krumm sind. "So, meinst du, deine Beine sind besser?" fragte der Igel.

---

der Wettlauf, ein Wettrennen: wer wird der oder die Schnellste sein?
der Hase, ein kleines, schnelles Tier mit langen Ohren und einem kleinen weißen Schwanz
der Igel, ein kleines Tier mit Stacheln. (Stacheln sind spitz; ein Kaktus hat auch Stacheln.) Wenn ein Feind kommt, rollt er sich zu einem Ball zusammen.
der Kohl, Gemüse mit großen Blättern; es gibt Grünkohl, Weißkohl, Rotkohl, usw.

Der Hase lachte und antwortete: "Na, das denke ich doch!" "Das wollen wir mal sehen", sagte der Igel. "Machen wir doch ein Wettrennen! Ich kann bestimmt schneller rennen als du!" "Du willst schneller rennen als ich? Du mit deinen krummen Beinchen! Ich lache mich tot!" rief der Hase. "Was wollen wir *wetten*?" "Meine *Rüben* gegen deinen Kohl", schlug der Igel vor. Eigentlich waren es nicht seine Rüben, sondern die Rüben vom Bauern, aber er aß immer davon, und in seinen Augen waren es seine Rüben. "Gut!" rief der Hase. "Fangen wir gleich an!" "So eilig ist es nicht", sagte der Igel. "Erst muss ich frühstücken. Wir treffen us in einer halben Stunde auf dem frisch *gepflügten Acker*. Dort können wir am besten rennen." Damit war der Hase einverstanden, und der Igel verschwand in seinem Haus.

Ganz wohl war dem Igel bei der Sache nicht. Wie sollte er den Hasen mit seinen langen Beinen bei einem Wettrennen schlagen? Er rief nach seiner Frau. "Frau, du musst mir helfen. Ich habe mit dem Hasen gewettet, dass ich ihn bei einem Wettlauf schlage. Unsere Rüben gegen seinen Kohl." "Bist du nicht ganz richtig im Kopf?" rief die Frau. "Wie willst du gegen den Hasen mit seinen langen Beinen gewinnen? Und wovon sollen wir und unsere Kinder im Winter leben, wenn der Hase unsere Rüben hat?" Der Igel sagte nichts. Vielleicht war die Wette nicht so eine gute

---

wetten, wenn zwei Personen um etwas wetten, muss die Person, die verliert, etwas an die andere Person zahlen
die Rübe, eine Pflanze; der Teil unter der Erde (die Wurzel) wird gegessen; es gibt Mohrrüben (Karotten), Zuckerrüben usw.
pflügen, die Erde locker machen, um etwas zu pflanzen
der Acker, ein Stück Land, auf dem der Bauer etwas pflanzt

Idee. Aber was sollte er jetzt tun? In einer Viertelstunde musste er auf dem Acker sein. Jetzt war guter Rat teuer. Da sagte seine Frau: "Der Hase ist zwar ein stolzer Herr, und rennen kann er auch, aber dumm ist er doch. Komm!" Und die beiden gingen hinauf zum Acker.

Der Bauer hatte den Acker am Samstag frisch gepflügt, und tiefe *Furchen* zogen sich von einer Seite des Ackers zur anderen. Die Igel-Frau sagte zu ihrem Mann: "Jeder von euch läuft in einer Furche, richtig? Jetzt pass auf: Ich lege mich an diesem Ende in die Furche, und du bleibst am anderen Ende, wo der Wettlauf beginnt. Wenn der Hase in seiner Furche näher kommt, rufe ich: 'Ich bin schon da!' Und wenn er zurück läuft und fast wieder am anderen Ende der Furche ist, rufst du: 'Ich bin schon da!' Mehr brauchen wir nicht zu tun."

Und so machten sie es auch. Als der Igel am Start ankam, wartete der Hase schon. "Na, kann's losgehen?" rief er. "Auf die Plätze... fertig... los!" Und er schoss davon. Als er schon fast auf der anderen Seite des Ackers war, hörte der Hase, wie eine Igelstimme rief: "Ich bin schon da!" Und da, in der anderen Furche, war ja auch der Igel vor ihm. (Man weiß, dass die Igel-Frau genau so aussieht wie der Igel-Mann.) "So etwas!" dachte der Hase. "Der ist doch nicht so langsam, wie ich dachte. Aber lange hält er es mit den kurzen Beinen nicht aus." Und er drehte sich um und lief zurück. Doch als er schon fast wieder am Start war, rief

---

die Furche, nach dem Pflügen gibt es Furchen auf dem Acker, das sind wie kleine Berge und Täler von einer Seite zur anderen

der Igel: "Ich bin schon da!" Und da war er ja auch schon in seiner Furche. "Das gibt's doch nicht!" dachte der Hase und rief dem Igel zu: "Noch einmal! Wir laufen noch einmal!" "Bitteschön", rief der Igel zurück. "Laufen wir, so oft du willst!" So lief der Hase hin und zurück, hin und zurück, dreiundsiebzig Mal, und immer war der Igel vor ihm und rief: "Ich bin schon da!" Und da konnte der Hase nicht mehr laufen und fiel um und blieb wie tot liegen.

Der Igel hatte den Wettlauf gewonnen und bekam seinen Kohl. Der Hase musste hungern und wanderte bald aus in ein fremdes Land. Bis heute haben alle Hasen Angst, mit einem Igel um die Wette zu laufen. Oder hast du schon einmal so einen Wettlauf gesehen? Na also. Und was ist die Moral der Geschichte? Niemand soll sich über einen anderen lustig machen, auch wenn er ein stolzer Herr ist und der andere bloß ein krummbeiniger Igel.

Und die Igel-Männer sollen auf ihre Frauen hören.

Hans im Glück

Dieses Märchen kommt aus dem Fuldatal in Hessen:

Sieben lange Jahre hatte Hans seinem Herrn *gedient*, da sprach er: "Herr, jetzt möchte ich nach Hause zu meiner Mutter." Der Herr antwortete: "Du hast treu

---

dienen, für einen anderen Menschen arbeiten

und fleißig gearbeitet. So gut wie deine Arbeit war, soll auch dein Lohn sein." Und er gab Hans einen *Klumpen* Gold, der so groß war wie sein Kopf.

Hans hob seinen Goldklumpen auf die Schulter und ging fort. Nach einer Weile kam ihm ein Reiter auf einem schönen Pferd entgegen. "Ach", rief Hans aus, "das Reiten muss doch schön sein! Da sitzt man bequem wie in einem Stuhl, und das Pferd trägt einen, wohin man will." Der Reiter hörte das und sah den Goldklumpen und blieb stehen. "Nun, warum gehst du zu Fuß?" fragte er. "Weil ich muss", antwortete Hans. "Da habe ich diesen Klumpen zu tragen. Er ist aus Gold und ist schrecklich schwer und drückt mir auf die Schulter, und den Kopf kann ich auch nicht gerade halten dabei."

"Weißt du was", sagte der Reiter, "wir *tauschen* einfach. Ich gebe dir mein Pferd und du gibst mir den schweren Klumpen." "Sehr gern", sagte Hans, "aber ich sage dir, dieser Klumpen ist schwer zu tragen." Der Mann stieg ab vom Pferd, nahm das Gold und half dem neuen Reiter aufzusteigen. "Wenn es schneller gehen soll, musst du 'hopp, hopp!' rufen", sagte der Mann noch. Dann verschwand er mit dem Goldklumpen.

Froh saß Hans auf seinem Pferd und ließ sich durch die Welt tragen. Nach einer Weile dachte er sich: "Schnell ist bestimmt auch schön!" Also rief er: "Hopp, hopp!" Das Pferd *galoppierte* los, und Hans fiel hinten herunter auf die Landstraße. Zum Glück wurde das Pferd von einem Bauern angehalten, der mit seiner

---

der Klumpen, ein großes, unförmiges Stück
tauschen, etwas geben und dafür etwas Anderes bekommen
galoppieren, (beim Pferd:) schnell laufen

Kuh auf dem Weg zum Markt war. Hans stand auf. "Das Reiten macht keinen Spaß", erzählte er dem Bauern, "besonders nicht mit einem solchen Pferd, das einen immer abwerfen will. Da kann man sich ja den Hals brechen! Also, ich setze mich nicht mehr auf dieses Pferd. Da ist eine Kuh eine ganz andere Sache! Hinter so einer Kuh geht man in aller Ruhe spazieren und hat dazu jeden Tag Milch, Butter und Käse. Ach, so eine Kuh möchte ich gern haben!"

"Nun", sagte der Bauer und sah sich das schöne Pferd an, "wenn ich dir damit etwas Gutes tun kann, so will ich meine Kuh gegen dein Pferd tauschen." Hans war sofort einverstanden. Der Bauer stieg aufs Pferd und ritt schnell davon.

Hans ging weiter mit seiner Kuh, bis er an ein Gasthaus kam. Dort aß er alles, was er für die Reise eingepackt hatte, sein Mittagbrot und sein Abendbrot, und trank dazu ein Glas Bier, das er mit seinem letzten Geld kaufte. "Ich brauche ja nichts mehr, ich habe meine Kuh", dachte er bei sich. Dann ging er weiter. Es wurde immer heißer, und Hans bekam immer mehr Durst. "Nun, wozu habe ich die Kuh?" sagte er sich, band sie an einem Baum fest und wollte sie *melken*. Das Melken ist aber keine einfache Sache. Hans gab sich alle Mühe, zog und drückte, aber es kam keine Milch heraus. Die Kuh wurde auch immer ungeduldiger. Mit einem ihrer Hinterbeine trat sie Hans gegen den Kopf, so dass er zu Boden fiel und nicht wusste, wo er war.

Als er wieder zu sich kam, stand ein Fleischer neben ihm, der ein junges Schwein bei sich hatte. Der Flei-

---

melken, Milch von einer Kuh holen

scher gab Hans aus seiner Wasserflasche zu trinken und fragte ihn, was passiert war. Hans erzählte ihm alles, und der Fleischer sah ihn scharf an. "Diese Kuh kann keine Milch geben", sagte er dann. "Das ist doch ein altes Tier, das kann man höchstens noch *schlachten* und essen." "Na, sowas!" sagte Hans. "Das habe ich nicht gewusst. Nun, so ein Tier gibt bestimmt viel Fleisch. Aber Kuhfleisch schmeckt mir nicht. Ja, so ein junges Schwein ist eine feine Sache! Das Schweinefleisch schmeckt doch viel besser, und dann gibt's noch die Würste!" "Hör mal", sagte der Fleischer, "wenn dir das Schweinefleisch so viel besser schmeckt, so will ich dir etwas Gutes tun und mein Schwein hier gegen deine Kuh tauschen." Hans war sofort einverstanden und zog froh mit seinem Schwein davon.

"Ich habe doch großes Glück", dachte er bei sich. "Immer, wenn es Ärger gibt, kommt auch gleich die *Lösung*." Da traf er einen jungen Mann, der eine Gans unter dem Arm trug. Sie gingen eine Weile den gleichen Weg. Hans erzählte dem jungen Mann von seinem Glück, und der junge Mann hörte mit großem Interesse zu. Dann zeigte er auf seine Gans und sagte: "Sieh mal, wie dick und schwer meine Gans ist! Das gibt einen leckeren Braten!" Hans nahm die Gans in die Hand. "O ja", sagte er, "das ist ein schönes Tier. Aber mein Schwein hier ist auch kein schlechter Vogel!" Der junge Mann schüttelte aber den Kopf, sah sich nach allen Seiten um und sagte: "Hör mal, mit deinem Schwein ist nicht alles in Ordnung, *fürchte* ich. In

schlachten, ein Tier töten, um es zu essen
die Lösung, die Antwort
fürchten, Angst haben

dem Dorf dort hinten fehlt dem Bauern ein Schwein. Bestimmt hat es jemand gestohlen. Ich fürchte, ich fürchte, es ist genau das Schwein, das du da bei dir hast. Der Bauer hat schon Leute ausgeschickt, um nach dem Schwein zu suchen, und wenn sie es bei dir finden, kommst du ins Gefängnis, wenn sie dich nicht gleich als Räuber töten."

Hans bekam schreckliche Angst. "Ach Gott", rief er, "was soll ich bloß tun? Kannst du mir nicht helfen?" "Also, ich bringe mich selbst in große Gefahr", sagte der junge Mann, "aber ich will dir einen Gefallen tun: gib mir das Schwein und nimm dafür meine Gans." Hans nahm die Gans, gab dem jungen Mann das Schwein und fühlte sich sofort besser.

"Wenn ich darüber in Ruhe nachdenke, so habe ich einen sehr guten *Tausch* gemacht", sagte er sich. "Erstens habe ich den Gänsebraten, der sehr gut schmeckt. Und die schönen weißen *Federn* stecke ich mir ins *Kopfkissen* und kann schön weich einschlafen." Und er ging fröhlich mit der Gans unter dem Arm weiter.

Nun war Hans fast in seinem Heimatdorf, wo die Mutter wohnte. Im letzten Dorf stand ein *Messerschleifer* mit seinem *Schleifstein*. Der Stein drehte sich

das Kopfkissen

die Feder

der Tausch, das Geschäft: etwas gegen etwas Anderes tauschen
die Feder, Vögel haben ein Kleid aus Federn
das Kopfkissen, nachts schläfst du mit dem Kopf auf einem Kissen
der Messerschleifer, ein Handwerker, der Messer wieder scharf macht
der Schleifstein, der Stein, mit dem ein Messerschleifer arbeitet

schnell, der Schleifer arbeitete und sang dazu ein fröhliches Lied. Hans blieb stehen und sah dem Mann zu. Dann sagte er: “Ihnen geht es wohl sehr gut? Sie sind bei der Arbeit so lustig!” “Ja”, sagte der Messerschleifer, “das Handwerk hat doch einen goldenen Boden. So ein Handwerker wie ich hat immer Geld in der Tasche. Was will man mehr? Aber sag mal, so eine schöne Gans möchte ich auch haben. Wo hast du sie gekauft?” “Die habe ich nicht gekauft. Die habe ich gegen mein Schwein getauscht.” “Soso, gegen ein Schwein. Und das Schwein?” “Das habe ich für eine Kuh bekommen.” “Aha. Und die Kuh?” “Dafür gab ich dem Bauern ein Pferd.” “So. Und das Pferd?” “Das bekam ich für einen furchtbar schweren Klumpen Gold, so groß wie mein Kopf.” “Oha. Und das Gold?” “Das war mein Lohn für sieben Jahre Arbeit.”

“Ich sehe, du bist ein junger Mann, der etwas von der Welt versteht”, sagte der Messerschleifer. “Schade, dass du kein Handwerker bist wie ich. So einer wie du macht als Handwerker bestimmt sein Glück und hat immer Geld in den Taschen.” “Das ist wohl richtig”, sagte Hans, “aber wie soll ich das anfangen?” “Du kannst Messerschleifer werden wie ich”, antwortete der Mann. “Eigentlich brauchst du dazu nur einen Schleifstein, alles Andere kommt von selbst. Und heute ist dein Glückstag, denn ich habe da noch einen Stein. Der ist ein wenig kaputt, aber dafür brauchst du mir ja nur deine Gans zu geben. Willst du das?” “Was für eine Frage!” rief Hans. “Klar will ich das! Wenn ich immer Geld in den Taschen habe, kann ich doch glücklich und zufrieden leben!” Er gab dem Messerschleifer die Gans, hob den schweren Schleifstein auf die Schulter und ging davon.

"Ich bin doch ein *Glückspilz*, ein richtiges Sonntagskind!" sagte sich Hans. "Alles, was ich mir wünsche, wird sofort wahr!" Inzwischen war es spät am Tag. Hans war müde vom Wandern, er hatte Hunger, weil er sein Mittagbrot und sein Abendbrot schon vor Stunden im Gasthaus aufgegessen hatte, Durst hatte er auch, und der schwere Stein drückte ihn. Er musste eine kurze Pause machen und setzte sich an den Rand eines Brunnens. Den Stein legte er neben sich. "Ach, dieser Stein ist fast so schwer wie der Goldklumpen!" sagte er sich. "Eigentlich will ich ihn nicht weiter tragen." Als er sich Wasser aus dem Brunnen holen wollte, stieß Hans gegen seinen Stein. Da fiel der Stein in den tiefen Brunnen und verschwand. Hans sah ihm nach, dann sprang er vor Freude auf. "Nun muss ich auch den Stein nicht mehr tragen!" rief er aus. "Auch dieser Wunsch wird wahr! Ich bin wirklich der glücklichste Mensch unter der Sonne!" Mit leichtem Herzen ging er nun weiter, bis er endlich zu Hause bei der Mutter war.

Aschenputtel

Die Frau eines reichen Mannes wurde sehr krank. Da rief sie ihre einzige Tochter zu sich ans Bett und sagte: "Mein Kind, bleibe immer lieb und gut, so wird dir Gott helfen, und auch ich will vom Himmel herunter nach

---

der Glückspilz, ein Mensch, der immer Glück hat

dir sehen." Nach diesen Worten machte die Frau die Augen zu und starb. Jeden Tag ging die Tochter zum *Grab* der Mutter und weinte. Sie blieb auch immer lieb und gut. Der Winter kam und bedeckte das Grab mit Schnee. Und als es wieder Sommer wurde, nahm sich der Vater eine neue Frau.

Die neue Frau brachte zwei Töchter mit ins Haus. Sie hatten hübsche Gesichter, aber ihre Herzen waren böse. Für die Stieftochter fing eine schwere Zeit an. "Wer Brot essen will, muss dafür arbeiten!" riefen die beiden Schwestern. "Hinaus mit dir in die Küche!" Das Mädchen musste vor Sonnenaufgang aufstehen und bis spät in die Nacht schwere Arbeit machen – Wasser holen, Feuer machen, kochen, putzen und waschen. Sie durfte keine schönen Kleider haben, sondern musste eine graue, dreckige Schürze und schwere Holzschuhe tragen, und abends durfte sie nicht in einem schönen, weichen Bett einschlafen, sondern musste neben dem Ofen in der *Asche* liegen. Deshalb nannten die beiden Schwestern ihre Stiefschwester "Aschenputtel".

Einmal wollte der Vater in die große Stadt zum Markt fahren. Er fragte seine beiden Stieftöchter, was er ihnen mitbringen sollte. "Schöne Kleider!" sagte die eine; "Perlen und *Schmuck*!" sagte die andere. "Und du, Aschenputtel, was willst du haben?" fragte der Vater. "Den ersten *Zweig*, der dir auf dem Heimweg gegen den Hut stößt, brich bitte für mich ab", antwortete die Tochter. Der Mann kaufte für die Stieftöchter in der großen Stadt Schmuck und schöne Kleider, und als er

---

das Grab, nach dem Tod liegt ein Mensch unter der Erde im Grab
die Asche, wenn etwas verbrannt wird, bleibt Asche zurück
der Schmuck, Gold und Perlen, Ringe und Ketten usw.
der Zweig, Zweige sind die "Finger" vom Baum

auf dem Heimweg durch den Wald ritt, wurde ihm der Hut vom Zweig eines *Haselnuss*baums vom Kopf gestoßen. Der Vater schnitt den Zweig für seine Tochter ab und nahm ihn mit.

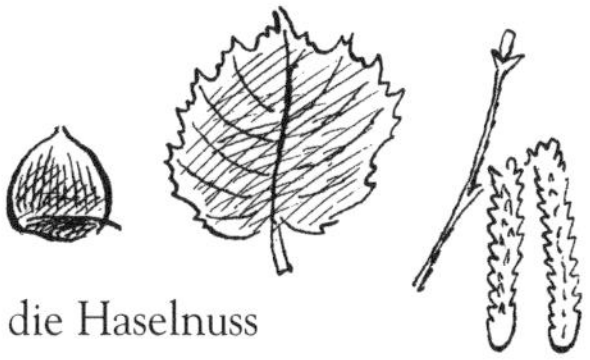

die Haselnuss

Aschenputtel nahm den Zweig und pflanzte ihn auf dem Grab der Mutter. Daraus wurde mit der Zeit ein schöner Haselnussbaum, und auf dem Baum saß immer ein weißer Vogel, wenn Aschenputtel das Grab der Mutter besuchte.

Der König des Landes hatte einen Sohn. Der suchte eine Frau, und so beschloss der König, ein großes Fest zu feiern, das drei Tage dauern sollte, und alle jungen Frauen des Landes zum *Ball* einzuladen. Unter diesen Frauen sollte sich der Prinz seine Braut aussuchen. Auch die beiden Schwestern waren eingeladen und machten sich große Hoffnungen. Denn ihr Stiefvater war reich, und sie hatten hübsche Gesichter. Sie zogen sich ihre schönsten Kleider und ihren wertvollsten Schmuck an, und Aschenputtel musste ihnen die Strümpfe waschen, die Schuhe putzen und die Haare kämmen.

Aschenputtel war traurig, weil sie selbst gern zum Tanzfest aufs Schloss gehen wollte. Die Stiefmutter

---

der Ball, (hier:) ein Tanzfest

aber sagte: “Du, Aschenputtel? Dein Gesicht ist schmutzig, du hast kein Kleid und keine Schuhe, und du willst im Schloss des Königs tanzen?” Aschenputtel hörte nicht auf zu weinen und zu bitten, und so nahm die Stiefmutter einen *Topf* voller *Linsen* und warf die Linsen in die Asche. “Wenn du in zwei Stunden die Linsen alle wieder sauber aufgesammelt und die guten von den schlechten getrennt hast, darfst du mitgehen!” sagte sie und lachte. Denn in zwei Stunden war diese Arbeit bestimmt nicht zu schaffen. Aschenputtel ging in den Garten und rief:

Ihr Tauben, ihr Vögel unter dem Himmel,
kommt und helft mir:
die guten ins *Töpfchen*,
die schlechten ins *Kröpfchen*.

Da flogen zwei weiße Tauben durch das Küchenfenster, und hinter ihnen kamen alle die anderen Vögel des Himmels und halfen Aschenputtel, die guten Linsen aufzusammeln und in den Topf zu tun. Nach einer Stunde waren sie fertig und flogen wieder zum Fenster hinaus. Aschenputtel brachte den Topf zur Stiefmutter und freute sich schon auf das Fest. Aber die Stiefmutter sagte: “Nein, Aschenputtel, du hast keine Kleider und kannst nicht mitkommen. Die Leute werden ja über dich lachen.” Als Aschenputtel aber nicht aufhörte zu weinen und zu bitten, nahm die Schwieger-

---

der Topf, in einem Topf kann man Essen kochen
die Linse, Linsen kann man essen; es sind flache Körner, rot, gelb oder schwarz; in Deutschland macht man daraus oft Suppe
das Töpfchen, der kleine Topf
das Kröpfchen, (hier:) der Hals vom Vogel

mutter zwei große Töpfe voller Linsen und warf sie in die Asche. “Wenn du in einer Stunde die Linsen alle wieder aufgesammelt und die guten von den schlechten getrennt hast, darfst du mitgehen”, sagte sie und lachte, denn sie dachte: “Das schafft das Mädchen nie!” Aschenputtel ging in den Garten und rief:

Ihr Tauben, ihr Vögel unter dem Himmel,
kommt und helft mir:
die guten ins Töpchen,
die schlechten ins Kröpfchen.

Und wieder kamen zuerst die weißen Tauben und dann die anderen Vögel, flogen durch das Küchenfenster und sammelten die Linsen auf, und dieses Mal waren sie sogar in einer halben Stunde fertig. Und Aschenputtel rannte mit den Töpfen zur Stiefmutter und dachte: “Jetzt kann ich bestimmt mit zum Fest.” Die Stiefmutter sagte aber: “Nein, Aschenputtel, du hast keine Kleider und keine Schuhe, die Leute werden über dich lachen – und über uns. Du kommst nicht mit.” Und sie nahm ihre beiden Töchter und ging schnell zum Schloss.

Aschenputtel blieb ganz allein zurück. Da ging sie zum Grab der Mutter unter dem Haselnussbaum und rief:

Bäumchen, rüttel dich und schüttel dich,
wirf Gold und Silber über mich.

Und der weiße Vogel, der im Baum saß, warf ihr ein schönes Kleid mit Gold und Silber herunter, und dazu

---

das Bäumchen, der kleine Baum
rütteln, hin- und herbewegen, schütteln

schöne Tanzschuhe. Schnell zog Aschenputtel das Kleid und die Schuhe an und lief zum Schloss. Der Königssohn sah sie, nahm sie bei der Hand und tanzte mit ihr. Nach diesem ersten Tanz wollte er mit keinem anderen Mädchen tanzen, ließ ihre Hand den ganzen Abend nicht los, und wenn ein anderer kam und mit Aschenputtel tanzen wollte, sagte er: "Das ist meine Tänzerin!" Alle Gäste fragten sich: "Wer ist das schöne Fräulein?" Nicht einmal die Stiefmutter und ihre Töchter *erkannten* Aschenputtel in dem schönen Kleid. Denn sie glaubten, Aschenputtel wäre noch allein zu Hause in der Asche neben dem Ofen. Nur der Vater dachte bei sich: "Könnte es vielleicht doch Aschenputtel sein?"

Dann war es Zeit zu gehen. Der Prinz sagte: "Ich bringe dich nach Hause." Er wollte nämlich sehen, wo Aschenputtel wohnte und zu wem sie gehörte. Das Mädchen lief aber davon und versteckte sich im Taubenhaus. Der Prinz nahm eine Axt und schlug das Taubenhaus kaputt; es war aber leer. Aschenputtel war nämlich hinten heruntergesprungen. Sie lief zum Haselnussbaum und legte das schöne Kleid und die Schuhe aufs Grab, wo der weiße Vogel alles wieder an sich nahm, dann rannte sie schnell nach Hause. Als die anderen vom Ball zurückkamen, lag Aschenputtel mit ihrer grauen Schürze in der Asche neben dem Ofen und schlief.

Am nächsten Tag ging das Fest weiter. Die Eltern und die Stiefschwestern ließen Aschenputtel wieder allein zu Hause. Wieder ging sie zum Haselnussbaum

---

erkennen, wenn ich jemanden erkenne oder wiedererkenne, dann weiß ich, wer das ist

und rief:

Bäumchen rüttel dich und schüttel dich,
wirf Gold und Silber über mich.

Und wieder warf der weiße Vogel ein Kleid herab, nur war es noch schöner als das Kleid vom ersten Tag. Dazu auch Tanzschuhe aus Silber. Und als Aschenputtel im Schloss ankam, mussten alle Menschen sie ansehen, so schön sah sie aus. Der Königssohn hatte schon auf sie gewartet, nahm sie bei der Hand und tanzte mit ihr. Den ganzen Abend tanzte er mit keinem anderen Mädchen, und wenn ein anderer mit Aschenputtel tanzen wollte, sagte der Prinz: "Das ist meine Tänzerin!" Niemand erkannte das Mädchen in dem Kleid aus Silber und Gold, nur der Vater dachte bei sich: "Könnte es vielleicht doch Aschenputtel sein?"

Und wieder war es Zeit zu gehen, und wieder wollte der Prinz Aschenputtel nach Hause bringen, und wieder rannte sie weg, aber dieses Mal versteckte sich das Mädchen in einem Apfelbaum. Und der Prinz nahm eine Axt und fällte den Apfelbaum, es war aber niemand darin. Denn Aschenputtel war hinten heruntergesprungen. Sie lief zum Haselnussbaum, legte das Kleid und die Schuhe aufs Grab und rannte dann schnell nach Hause. Und als die anderen vom Ball kamen, lag Aschenputtel mit ihrer grauen Schürze in der Asche und schlief.

Nun kam der dritte und letzte Tag des großen Fests. Als Vater, Mutter und die Stiefschwestern aus dem Haus waren, lief Aschenputtel zum Haselnussbaum und rief:

Bäumchen rüttel dich und schüttel dich,
wirf Gold und Silber über mich.

Der Vogel warf ein Kleid herab, das schöner war als jedes andere Kleid auf der ganzen Welt. Und dazu Schuhe aus reinem Gold. Als Aschenputtel mit dem Kleid und den Schuhen im Schloss ankam, waren die Gäste sprachlos, so schön war sie, und der Königssohn tanzte den ganzen Abend nur mit ihr. Als es Zeit war zu gehen, rannte Aschenputtel fort, aber der Prinz hatte damit gerechnet und hatte sich einen Trick ausgedacht. Auf die Treppen seines Schlosses ließ er nämlich *Pech schmieren*. Als Aschenputtel davon lief, blieb ein goldener Schuh in dem Pech zurück, und der Prinz hob ihn auf.

Am nächsten Tag wussten es alle Leute: Der Prinz wollte das Mädchen suchen, zu dem der goldene Schuh passte, und diese junge Frau wollte er heiraten, und keine andere. So kam er auch zum Haus, wo Aschenputtel und die Stiefschwestern wohnten. Die ältere Schwester nahm den goldenen Schuh, ging in ihr Zimmer und wollte ihn anziehen, aber ihre *Zehe* war zu groß, und der Schuh passte nicht. Da gab ihr die Mutter ein Messer und sagte: “Schneide dir die Zehe ab! Wenn du Königin bist, brauchst du nie wieder zu gehen.” Die Tochter schnitt sich die große Zehe ab, zog den Schuh an, biss die Zähne zusammen, damit sie nicht weinen musste,

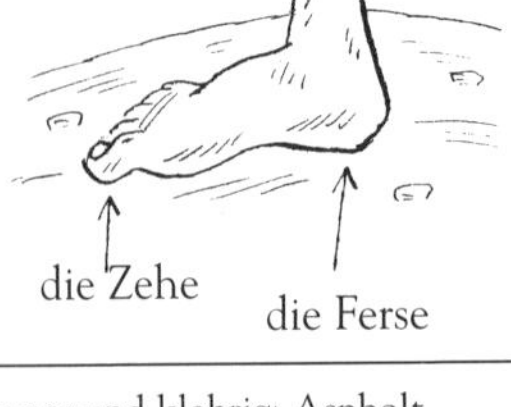

---

das Pech, ist schwarz und klebrig; Asphalt
schmieren, Butter, Marmelade usw. kann man aufs Brot schmieren

und ging hinaus zum Königssohn. Der nahm sie als Braut auf sein Pferd und ritt mit ihr davon. Als er aber an dem Grab mit dem Haselnussbaum vorbeikam, sangen die zwei weißen Tauben, die auf einem Ast des Baumes saßen:

Rucke di guh, rucke di guh,
Blut ist im Schuh!
Der Schuh ist zu klein,
die richtige Braut sitz noch daheim.

Da sah der Prinz, wie das Blut aus dem Schuh lief, und er brachte die falsche Braut wieder nach Hause.

Nun musste die zweite Schwester den Schuh anprobieren. Sie ging in ihr Zimmer und wollte den goldenen Schuh anziehen, aber die *Ferse* war zu groß. Da gab ihr die Mutter ein Messer und sagte: "Schneide dir ein Stück von der Ferse ab! Wenn du Königin bist, brauchst du nie wieder zu gehen." Das Mädchen schnitt sich ein Stück von der Ferse ab, zog den Schuh an, biss die Zähne zusammen und ging hinaus zum Königssohn. Er nahm sie als Braut auf sein Pferd und ritt mit ihr davon. Als er aber an dem Haselnussbaum vorbeikam, sangen die weißen Tauben:

Rucke di guh, rucke di guh,
Blut ist im Schuh!
Der Schuh ist zu klein,
die richtige Braut sitzt noch daheim.

Und da sah der Prinz auch, wie das Blut aus dem Schuh lief. Also brachte er die falsche Braut nach Hau-

---

"*rucke di guh*", "gurr, gurr"

se und sagte zu Aschenputtels Vater: “Hast du keine andere Tochter?” “Nein”, sagte der Mann, “nur von meiner früheren Frau ist noch eine da, sie heißt Aschenputtel und ist gar nicht schön; sie kann unmöglich die richtige Braut sein.” Und auch die Stiefmutter sagte: “Sie ist viel zu schmutzig, so eine kann keine Braut sein.” Aber der Prinz wollte sie sehen.

Schnell wusch sich Aschenputtel das Gesicht und die Hände, dann ging das Mädchen in das Zimmer, wo der Prinz wartete. Dort zog Aschenputtel die schweren Holschuhe aus, der Prinz reichte ihr den goldenen Schuh, und er passte genau. Da erkannte der Prinz das schöne Mädchen wieder, das mit ihm getanzt hatte. “Das ist die richtige Braut!” rief er, nahm Aschenputtel aufs Pferd und ritt mir ihr davon. Als sie an dem Haselnussbaum vorbeikamen, sangen die beiden weißen Tauben:

Rucke di guh, rucke di guh,
Kein Blut ist im Schuh!
Der Schuh ist nicht zu klein,
die richtige Braut, die führt er heim.

Und die Tauben flogen aus dem Baum und setzten sich auf Aschenputtels Schultern, eine links, die andere rechts, und blieben da sitzen.

Als der Prinz und seine Braut Hochzeit halten wollten, kamen nun die beiden Schwestern und wollten dabei sein und taten so wie die besten Freundinnen der Braut. Als die Brautleute zur Kirche gingen, war die ältere Schwester rechts, die jüngere links. Die Tauben warteten am Eingang und stachen jeder von ihnen ein Auge aus. Als sie aber zur Kirche hinauskamen, ging die ältere links, die jüngere rechts; und die Tauben stachen ihnen das andere Auge aus. Und so wurden sie für ihr böses und falsches Herz bestraft, indem sie ihr Leben lang blind bleiben mussten.

Sankt Georg und der *Drache* von Leipzig

Dort, wo die Flüsse Elster und Pleiße zusammenkommen und heute die Stadt Leipzig steht, gehörte vor langen, langen Jahren alles Land einem alten König, der mit seiner einzigen Tochter in einem Schloss wohnte. Neben dem Schloss lebten Bauern in einem Dorf. Das Land war gut, der König war gerecht, und so waren alle zufrieden.

der Drache

In einem Wald am Fluss wohnte aber ein Drache. Der Wald war ein *Lindenwald*, und das schreckliche Tier, das darin wohnte, nannte man früher auch "Lind-

Sankt ..., St. ...; der/die heilige ...; im christlichen Glauben ein sehr guter Mensch, der jetzt ein Engel ist
die Linde, ein Baum mit herzförmigen Blättern; siehe Zeichnung auf Seite 70

die Linde

wurm". Diesem Lindwurm mussten die Bauern jeden Tag zwei *Schafe* zum Fressen geben. Nach einiger Zeit hatte der Drache alle Schafe aufgefressen, und die Bauern gaben ihm nun auch ihre Kühe. Doch eines Tages gab es keine Tiere mehr im Dorf.

Was sollen die Bauern tun? Schon hören sie, wie der Lindwurm vor Hunger schreit, schon sehen sie das Feuer, das aus seinem Maul schießt, den Rauch, der aus seiner Nase aufsteigt. Bestimmt wird der Lindwurm bald ihr ganzes Dorf zerstören.

Und so beschließen sie, jeden Tag dem Lindwurm ein Menschenleben zu opfern. Jeder Mensch, ob reich oder arm, Mann oder Frau oder Kind, muss jeden Tag ein *Los* ziehen; und das Los bestimmt, wer als nächstes Opfer hinaus in den Lindenwald muss.

Eines Tages traf das Los die Tochter des Königs. Schon bereitete sie sich auf den Tod vor, schon machten sich einige Männer bereit, sie bis zum Waldrand zu bringen – als plötzlich ein *Ritter* auf einem herrlichen Pferd und ganz in Silber im Schloss ankam. Dieser Ritter war niemand anders als der berühmte Drachentöter, Sankt Georg.

---

das Schaf, ein Tier, das Wolle und Milch gibt
das Los, bei einer Lotterie kaufen viele ein Los; ein Los gewinnt
der Ritter, ein Krieger mit einem eigenen Pferd

Am Waldesrand wartete das Monster schon. Im schnellen *Galopp* ritt Sankt Georg auf den Drachen zu und stieß ihm seine *Lanze* in die Seite. Der Drache schrie vor Schmerz auf, war aber noch lange nicht tot. Mit seinem kräftigen *Schwanz* schlug der Lindwurm den Ritter vom Pferd und rannte direkt auf das Dorf zu. Nun sollten zur Strafe alle Bauern sterben und alle Häuser brennen!

Da stand Sankt Georg wieder auf. Er wollte sich aufs Pferd setzen und dem Lindwurm nachreiten, aber das Pferd hatte beim Galopp ein *Hufeisen* verloren und blutete am Fuß. So musste der Ritter alle Kräfte zusammennehmen und dem Drachen zu Fuß nachlaufen. "He! Hier bin ich, dein Feind!" rief er dem Lindwurm zu. Der hielt kurz vor dem Dorf an, drehte sich noch einmal um und wollte mit seinem Maul den Ritter packen, doch in diesem Augenblick stieß ihm Sankt Georg das scharfe *Schwert* in den Bauch, und das schreckliche Tier brach in seinem schwarzen Blut zusammen.

Die Dorfbewohner waren über den Tod des Drachen sehr glücklich, und der König wollte dem Ritter alles geben, was man sich nur denken kann – Gold, Land, seine Tochter, ja seine Krone. Sankt Georg wollte aber kein Geschenk. Nur ein neues Hufeisen für sein Pferd nahm er als Lohn für seinen Dienst. Dann ritt er davon.

---

der Galopp, (beim Pferd:) ein schneller Lauf
die Lanze, ein langer Stock mit einer Metallspitze
der Schwanz, fast alle Tiere haben hinten einen Schwanz
das Hufeisen, der "Schuh" eines Pferds in Form eines "U"
das Schwert, ein langes, schweres Messer

Das alte Hufeisen wurde an einen Lindenbaum im Dorf *genagelt*. Niemand sollte den Ritter vergessen, der das Dorf gerettet hatte. Und als aus dem Dorf eine Stadt wurde und man an dieser Stelle eine Kirche baute, wurde das Hufeisen an der Kirchenmauer festgemacht. Wenn man in Leipzig ist und die Nikolaikirche besucht, kann man es bis zum heutigen Tag dort sehen.

Der Krieg zwischen *Fuchs* und *Wolf*

In der Lausitz wohnen noch viele Menschen, die zum Volk der Sorben gehören und als Muttersprache nicht Deutsch, sondern Sorbisch sprechen. Die Geschichte von dem Krieg zwischen Wolf und Fuchs ist ein sorbisches Märchen:

Im Dorf Brischko hatte die Familie Pardonja eine alte Katze und die Familie Nasdalak einen alten Hund. Und der Bauer Pardonja sagte zu seiner Frau: "Was sollen wir nur mit der Katze? Sie ist taub und blind und fängt keine Mäuse mehr. Ich werde sie töten." Die Frau sagte: "Tu das nicht! Es kann sein, sie fängt doch noch Mäuse." Der Bauer meinte aber: "Was redest du? Auf der alten Katze können die Mäuse schon tanzen, sie fängt trotzdem keine. Wenn ich sie finde, muss sie ins

---

nageln, mit Hammer und Nagel festmachen
der Fuchs, ein Tier wie ein Hund mit rotem Fell und einem buschigen Schwanz
der Wolf, ein Tier wie ein Hund, größer und gefährlicher als ein Fuchs

der Fuchs

Wasser und sterben." Und damit ging der Bauer Pardonja auf den Acker. Die Katze aber lag hinter dem Ofen und hatte alles gehört. Als der Bauer fort war, kam sie hervor und miaute. Und Frau Pardonja öffnete die Tür und sagte: "Renn schnell weg, bevor er nach Hause kommt." Als ihr Mann nach Hause kam, sagte sie: "Die Katze ist weggelaufen." Pardonja antwortete: "Das ist ihr Glück." Die Frau sagte nur: "Ach, das arme Tier."

Und der Bauer Nasdalak sagte zu seiner Frau: "Was sollen wir nur mit dem Hund? Er ist ganz taub und blind. Er bellt, wenn er ruhig sein soll, und wenn er bellen soll, ist er ruhig. Weißt du was, ich hole einen Strick und hänge ihn auf." Die Frau sagte: "Tu das nicht! Vielleicht ist der Hund nicht so nutzlos, wie du denkst." Nasdalak meinte aber: "Was sagst du da? Es könnte der ganze Bauernhof voller Diebe sein, er merkt es nicht einmal und schläft weiter. Ich hole den Strick." Der Hund lag in der Ecke und hatte alles gehört. Als der Bauer fort war, kam er hervor, und Frau Nasdalak öffnete die Tür und sagte: "Renn schnell weg, bevor er nach Hause kommt." Zu ihrem Mann sagte sie: "Der Hund ist weggelaufen." Nasdalek antwortete: "Das ist sein Glück." Die Frau sagte nur: "Ach, das arme Tier."

Im Wald trafen sich Hund und Katze. Zu Hause in Brischko waren sie nicht die besten Freunde gewesen, jetzt aber setzten sie sich zusammen unter einen Baum und erzählten einander ihre traurige Geschichte.

Als sie so da saßen, kam der Fuchs vorbei. "Was ist mit euch los?" fragte der Fuchs. "Jahrelang habe ich für den Bauern Mäuse gefangen", meinte die Katze, "aber jetzt, da ich alt bin, will man mich nicht mehr haben." Und der Hund sagte: "Jahrelang blieb ich Nacht für Nacht wach und habe gebellt, wenn Fremde kamen. Aber jetzt, da ich alt bin, will man mich nicht mehr haben." Der Fuchs sagte: "Euch geht es so, wie es allen Arbeitern geht. Aber ich will euch helfen, wenn ihr mir helfen wollt. Wollt ihr das?" Und sie sagten "Ja!"

Der Fuchs sagte: "Der Wolf hat mir den Krieg erklärt und kämpft mit dem Bär und dem *Wildschwein* gegen mich. Morgen soll eine große Schlacht sein." Hund und Katze sagten: "Wir werden mit dir zusammen in den Krieg ziehen. Es ist doch besser, im Kampf für einen Freund sein Leben zu lassen, als einsam im Wald zu sterben." Und sie gaben sich die *Pfoten* darauf.

Die Tiere wollten sich an einem bestimmten Platz im Wald zur Schlacht treffen. Der Wolf, der Bär und das Wildschwein waren zuerst da. Sie warteten und warteten, aber der Fuchs, die Katze und der Hund kamen noch nicht. Und der Bär kletterte auf einen Baum, streckte sich auf einem *Ast* aus und schlief ein. Der Wolf legte sich in den Schatten des Baums, und das Wildschwein grub sich in die Erde ein, so dass nur eine Ohrenspitze zu sehen war. Als sie so schliefen, kamen der Fuchs, die Katze und der Hund zum Kampfplatz. Weil aber der Bär auf dem Baum war, der Wolf im Schatten und das Schwein in der Erde, sahen die drei Freunde ihre Feinde nicht.

Nur das Ohr des Wildschweins bewegte sich ein wenig. "Da ist doch eine Maus!" dachte die alte und etwas blinde Katze, und weil sie nach einer Nacht im Wald Hunger hatte, biss sie kräftig in das Ohr. Das Schwein bekam einen furchtbaren Schreck. Es schrie laut, sprang auf und rannte weg. Die Katze bekam aber einen noch größeren Schreck. Sie stellte die Haare auf, miaute und sprang in einen Baum – dem Bär direkt ins Gesicht. Der schlafende Bär bekam den allergrößten Schreck und fiel aus dem Baum direkt auf den Wolf. Den beiden Tieren wurde es schwarz vor Augen. Dann rannten auch sie davon, und der Fuchs und seine Freunde blieben als *Sieger* auf dem Kampfplatz zurück.

Auf dem Heimweg fing der Fuchs viele Mäuse und sagte der Katze: "Bring du jetzt die Mäuse eine nach der anderen ins Haus." Das machte die Katze auch, und die Frau Pardonja sagte zu ihrem Mann: "Sieh nur, unsere

---

der Sieger, der Gewinner

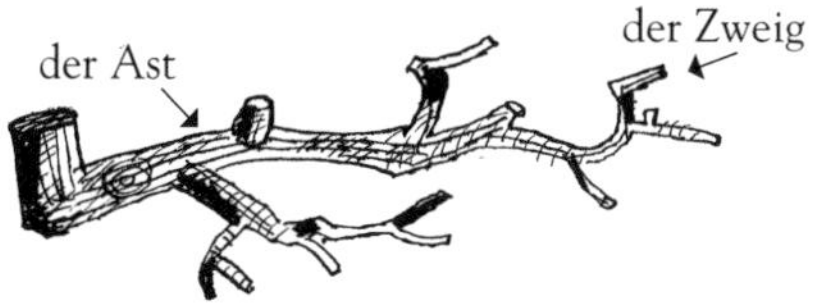

Katze ist wieder da und bringt eine Maus nach der anderen." Und Pardonja kratzte sich am Kopf und wunderte sich, dass die alte Katze so viele Mäuse fangen konnte. Frau Pardonja aber sagte: "Siehst du! Habe ich nicht immer gesagt, dass unsere Katze eine gute Katze ist? Aber ihr Männer wollt immer Recht haben."

Der Fuchs und der Hund kamen zu Nasdalaks. In der *Speisekammer* hingen frische Würste, und der Fuchs sagte: "Geh wieder nach Hause, und wenn es spät wird, so fange an, ganz laut zu bellen." Und so machte es der Hund auch, und die Frau Nasdalak hörte ihn und sagte zu ihrem Mann: "Hör nur, unser Hund ist wieder da und bellt mit aller Kraft. Steh doch auf und siehe in der Speisekammer nach, vielleicht will ein Dieb unsere frischen Würste stehlen." Aber Nasdalak sagte: "Ach was, der Hund ist blind und taub und bellt den Mond an." Und er schlief wieder ein.

Am nächsten Morgen wollte die Frau einige Würste aus der Kammer holen und sie auf dem Markt verkaufen. Aber da war ein großes Loch unter der Tür, und die Würste waren verschwunden. Und Frau Nasdalak rief ihren Mann und sagte: "Mann! Sieh dir das an! Hier ist ein Dieb gewesen in der Nacht. Sicher war es der Fuchs. Und unser alter Hund hat so laut gebellt, aber du wolltest nicht aufstehen!" Und der Bauer kratzte

---

die Speisekammer, Zimmer oder Häuschen, in dem das Essen steht

sich am Kopf und wunderte sich, dass der alte Hund so gut aufgepasst hatte. Frau Nasdalak sagte aber: "Habe ich es nicht immer gesagt, dass unser Hund ein guter Hund ist? Aber ihr Männer wollt immer Recht haben."

In der Lausitz gibt es keine Bären und Wölfe mehr, wohl aber Wildschweine und Füchse. Und in Brischko sind Hund und Katze immer noch gute Freunde.

König Blaubart

In einem großen Wald lebte ein alter Mann mit seinen zwei Töchtern und seinen drei Söhnen. Eines Tages hielt ein Wagen vor ihrem Haus, und ein feiner Herr stieg aus.

Der Herr sprach eine Weile mit dem Vater und den beiden Töchtern. Die jüngere Tochter gefiel dem Fremden sehr gut, und er bat den Vater um ihre Hand. Der Vater war sehr froh. Er war nämlich schon alt und wollte vor seinem Tod die Töchter verheiratet sehen. Und der Fremde war nicht nur ein reicher Herr, sondern sogar ein König. Die Tochter war aber nicht glücklich. Sicher, der Mann war reich, und ein König ist ein König, aber er hatte einen blauen Bart, und die Tochter bekam Angst, wenn sie ihn nur ansah.

Sie ging also zu ihren Brüdern und fragte sie um Rat. Die Brüder sagten: "Nimm ruhig den Blaubart!" Dann gab ihr der älteste Bruder eine kleine *Pfeife* und sagte:

---

die Pfeife, (hier:) ein Instrument, mit dem man einen sehr lauten und hohen Ton machen kann

"Wenn du in Gefahr bist, blas nur in diese Pfeife hinein! Dann werden wir dir zu Hilfe kommen." Und die ältere Schwester sagte noch: "Ich komme mit dir und wohne mit dir auf Blaubarts Schloss. So wirst du nicht allein sein." Also nahm die jüngere Tochter den Blaubart und ritt mit ihm und ihrer Schwester fort.

Als die junge Braut im Schloss des Königs Blaubart ankam, waren alle Menschen in seinem Königreich sehr glücklich, und es gab vier Wochen lang ein Fest. Auch Blaubart war lustig. Eines Tages aber musste er weit wegfahren und rief seine junge Frau zu sich. Er gab ihr alle Schlüssel und sagte: "Du darfst überall im ganzen Schloss umgehen und alle Türen aufschließen, nur die eine Tür nicht, zu der dieser goldene Schlüssel gehört. Wenn du dein Leben liebst, so lasse diese Tür zu."

O nein, diese Tür wollte sie bestimmt nie und nimmer öffnen, versprach Blaubarts junge Frau. Nach drei Tagen aber hielt sie es nicht mehr aus: Sie musste einfach wissen, was hinter der geheimnisvollen Tür steckte! Es sollte sie aber niemand sehen. Am nächsten Tag stand sie früh auf, ging ganz leise zur geheimnisvollen Tür, steckte den goldenen Schlüssel ins Türschloss und drehte ihn um.

Die Tür sprang auf. Das Zimmer war voller *Leichen*! Es waren die blutigen Leichen junger Frauen. Schnell wollte die junge Braut die Tür wieder zuziehen, da fiel der Schlüssel heraus auf den blutigen Boden. Sie hob den Schlüssel auf und versuchte, das Blut abzuwischen, aber es ging und ging nicht. Der Schlüssel wurde und

---

die Leiche, der Körper eines toten Menschen

wurde nicht sauber! Und schon hörte die junge Frau, wie Blaubart die Treppe heraufkam!

Als Blaubart den blutigen Schlüssel sah, wurde sein Gesicht ganz dunkel, und seine Augen wurden böse. “Frau, warum hast du auf mich nicht gehört?” rief er. “Deine letzte Stunde hat geschlagen. Bald wirst du sterben, mach dich bereit!”

Weinend lief Blaubarts Frau zu ihrer Schwester, die ein Zimmer ganz oben im Schloss hatte. “Gib mir die Pfeife, die unsere Brüder dir schenkten!” sagte die Schwester. “Ich will unseren Brüdern ein Zeichen geben, vielleicht können sie uns noch retten.” Und sie blies dreimal in die Pfeife hinein. Schon hörten sie aber, wie Blaubart herauf kam, um seine Frau zu holen. “Ach Schwester, Schwester, kommen meine Brüder nicht?” weinte die arme Frau. Die Schwester stand am Fenster und blickte hinaus. “Ich sehe noch niemanden”, sagte sie. Jetzt schlug Blaubart von außen wie Donner gegen die Tür. Voller Angst hielt seine Frau die Tür von innen zu und rief: “Schwester, Schwester, kommen meine Brüder nicht?” Aber die Schwester sah niemanden. Inzwischen hatte Blaubart mit einer Axt ein großes Loch in die Tür gehauen und wollte schon hereinkommen und seine Frau töten. Da endlich sah die Schwester die drei Brüder und rief vom Fenster: “Hilfe! Hilfe!” Schnell rannten die jungen Männer die Treppe herauf und stießen im letzten Augenblick dem König Blaubart ihre Messer in die Brust.

Später zeigten die Schwestern ihren Brüdern das Zimmer mit den toten Frauen. Sie beschlossen, Blaubarts Schloss zu zerstören. Kein Stein blieb auf dem anderen, und kein Mensch hat je wieder dort gewohnt.

Die Schildbürger

Schilda ist eine kleine Stadt, die – so sagen manche Leute – im Königreich Utopia liegt. Nein, sagen andere Leute, das stimmt nicht: Schilda liegt mitten in Deutschland. Unsinn, sagen wieder andere, Schilda ist überall. Jedenfalls sind die Bürger von Schilda – die Schildbürger – in ganz Deutschland als *Narren* bekannt.

Wie die Schildbürger ein neues Rathaus bauten

Eine der bekanntesten Geschichten über die Schildbürger erzählt davon, wie sie ein schönes neues Rathaus bauten. Als sie das Dach fertig hatten, kamen sie nicht ins Gebäude hinein, weil sie vergessen hatten, Fenster und Türen zu bauen. Also gingen sie ins Gasthaus, um beim Wein diese schwere Frage zu besprechen, und kamen auf die Idee, ein Loch in die Mauer zu schlagen. So kamen sie doch noch in ihr neues Rathaus hinein.

Das war aber nur der Anfang vom Unglück, denn als sie im Rathaus saßen, merkten sie, dass es drinnen ganz dunkel war, wie mitten in der Nacht, obwohl draußen heller Tag war. Warum wollte der Tag nicht in das schöne neue Rathaus kommen? Sie gingen ins Gasthaus, um beim Wein das Problem zu besprechen, aber sie kamen auf keine gute Idee. Ein Fremder, der im Gasthaus saß und zuhörte, sagte: "Für hundert Goldstücke kann ich

der Narr, ein dummer und oft auch lustiger Mensch

euch sagen, wie ihr den Tag ins Rathaus bekommt." Die Schildbürger versprachen ihm das Geld, und der Fremde sagte: "Nehmt doch das Dach ab, dann habt ihr den Tag im Rathaus!" Das taten die Schildbürger, und siehe da! Es wurde im Rathaus hell wie am lichten Tag. Dankbar gaben sie dem Fremden seine hundert Goldstücke, und der machte sich schnell auf den Weg in die nächste Stadt, wobei er sich oft umblickte, ob nicht die Schildbürger hinter ihm herkamen und ihr Geld wiederhaben wollten.

Wie die Schildbürger das Licht ins Rathaus tragen wollten

Den ganzen Sommer über gefiel es den Schildbürgern in ihrem neuen Rathaus; sie hatten Licht, Luft und Sonne genug. Als aber der Herbst mit Regen und der Winter mit Schnee kam, sagten sie beim Treffen im Gasthaus: "Ein Haus ohne Dach! Wo gibt es denn so etwas! Wir sind doch keine Narren!" Also bauten sie das Dach neu. Als sie aber durch das Loch in der Mauer ins Rathaus gingen, war es drinnen wieder dunkel. Also riefen sie – nachdem sie das Problem im Gasthaus diskutiert hatten – alle Bürger und Bürgerinnen, Erwachsene und Kinder, für den nächsten Tag auf dem Rathausplatz zusammen, um das Licht ins Rathaus zu tragen. Mit Töpfen, *Eimern* und Säcken liefen die

---

der Eimer, in einem Eimer kann man viel Wasser tragen; siehe Zeichnung auf Seite 84

Schildbürger umher und fingen das Licht ein; dann trugen sie es vorsichtig ins Rathaus. Den ganzen Tag arbeiteten sie schwer, aber es aus unerklärlichen Gründen blieb es im Rathaus dunkel.

der Eimer

Wie die Schildbürger zu Narren wurden

Übrigens waren die Schildbürger nicht immer Narren. Im Gegenteil. Früher waren die Schildbürger in ganz Deutschland als die klügsten Menschen zwischen Alpen und Ostsee bekannt. Jeder große und kleine König (und davon gab es viele in Deutschland) und jeder reiche Mann wollte mindestens einen Schildbürger in seinem Schloss oder in seinem Geschäft haben. Und so kam es, dass es Schildbürger in aller Welt gab, nur nicht bei sich zu Hause in Schilda. Die Kinder wuchsen ohne Väter auf, die Frauen mussten die ganze Arbeit allein machen und waren einsam. Da kamen die Frauen Schildas zusammen und schrieben ihren Männern einen Brief:

"Wir, die Frauen von Schilda, sagen euch Männern von Schilda, dass es Zeit ist, nach Hause zu kommen. Denkt daran, wie lange wir ohne euch leben müssen. Denkt an eure Kinder. Denkt an eure Häuser und Geschäfte, an eure Arbeit hier zu Hause. Denkt aber auch daran, wie es euch gehen kann: Wenn der alte Hund keine Zähne mehr hat und nicht mehr beißen kann, hängt ihn der Jäger an den nächsten Baum. So sind auch die Großen dieser Welt, wenn der kleine Mann ihnen nicht mehr nützlich ist. Wieviel besser ist es, sich zu Hause um Familie, Haus und Geschäft zu kümmern!"

Diese Gedanken fanden die Männer von Schilda richtig, und so ließen sie sich von ihren Herren einige Zeit frei geben und fuhren nach Hause. Bei einem Treffen im Gasthaus kamen sie auf die Idee, sich wie Narren zu benehmen. "Narren", so sagte der Klügste unter ihnen, "lässt man nämlich in Ruhe."

Und so kam es auch. Als zwischen Ostsee und Alpen bekannt wurde, dass die Leute von Schilda verrückte Dinge tun, wollte kein König und kein reicher Herr einen Schildbürger bei sich haben, und die Schildbürger konnten sich um ihre eigenen Familien, Häuser und Geschäfte kümmern. Manche Leute sagen aber, dass die Schildbürger zu lange verrückt spielten und mit der Zeit wirklich verrückt geworden sind.

Wie die Schildbürger ihre Stadt in Brand setzten

In Schilda gab es keine Katzen, dafür umso mehr Mäuse. Sie fraßen den Menschen das Essen vom Teller weg, tanzten ihnen auf der Nase herum und waren mit einem Wort eine richtige Plage.

Da kam ein Fremder mit einer Katze in die Stadt, und als er im Gasthaus saß, fing die Katze eine Maus, die gerade über den Tisch lief, um sich etwas Käse zu holen. Die Schildbürger, die am Nebentisch ein wichtiges Problem beim Wein besprachen, machten große Augen. "Was ist das für ein Wundertier?" fragten sie den Fremden. "Und wieviel Geld willst du dafür haben?" Der Fremde dachte schnell nach. "Das ist ein Maushund!" sagte er. "Ein ganz seltenes Tier, das ich eigentlich nicht verkaufen will, aber – nun, weil ihr mich so nett bittet, sagen wir: tausend Goldstücke."

Die Schildbürger machten die Stadtkasse leer und fanden gerade tausend Goldstücke drin. Diese gaben sie dem Fremden, und der machte sich schnell auf den Weg in die nächste Stadt, wobei er sich oft umblickte, ob nicht die Schildbürger hinter ihm herkamen und ihr Geld wiederhaben wollten. Und tatsächlich lief bald ein Schildbürger hinter ihm her, aber er wollte nicht das Geld wiederhaben, sondern nur wissen, was denn der Maushund zu fressen kriegen sollte. Der Fremde lief schneller, und hinter ihm lief der Schildbürger auch schneller und rief: "Was frisst er denn?" "Viele Mäuse!" rief der Fremde und lief noch schneller.

Der Schildbürger hatte aber "viele Leute!" verstanden. Hilfe! Ihm lief es kalt den Rücken herunter. Der Maushund war ein gefährliches Monster, ein Drache, ein Menschenfresser! So schnell wie möglich lief er zurück in die Stadt, wo die Katze gerade zehn Mäuse gefangen hatte und sich müde in einem der Häuser ausruhte.

Vorsichtig, um den Maushund nicht zu wecken, trafen sich die Schildbürger im Gasthaus beim Wein und fragten sich, was sie gegen den menschenfressenden Maushund tun könnten. Keiner wollte gegen ein so gefährliches Tier kämpfen, und so beschlossen sie, das Haus abzubrennen, in dem die Katze schlief. Das taten sie auch, aber die Katze konnte durch ein Fenster in ein anderes Haus springen. "Es hilft nichts", sagten die Schildbürger, "dann muss eben auch dieses Haus brennen!" Auch aus dem zweiten Haus sprang die Katze, und so ging es immer weiter, bis die Schildbürger ihre ganze Stadt abgebrannt hatten und die Katze von dem Spiel genug hatte und ihrem früheren Herrn in die nächste Stadt gefolgt war.

Die Schildbürger mussten auswandern. Sie zogen in verschiedene Städte, bauten sich dort Häuser, hatten Kinder, und heute gibt es Schildbürger überall.

Die *Marienstatue* von Ingolstadt

In Ingolstadt werden moderne Autos gebaut; die Stadt hat aber auch viele alte Häuser und Kirchen. Eine dieser Kirchen heißt Liebfrauenkirche, und in dieser Kirche steht eine schöne Statue von Maria mit dem Jesuskind auf dem Arm.

Vor langer Zeit kam einmal eine arme Frau in die Liebfrauenkirche und fiel vor der Marienstatue auf die Knie. "Mein Mann ist vor Jahren gestorben", weinte sie, "und mein einziges Kind liegt krank zu Hause. Wenn ich mein Kind verliere, will ich nicht länger leben. Die Leute sagen, dass die Gottesmutter Wunder tun kann. Maria, ich bitte dich, rette mein Kind!"

Mit Tränen in den Augen *betete* die arme Frau weiter und blickte dabei auf die Statue. "Gib mir ein Zei-

Maria, (hier:) die Mutter von Jesus Christus
die Statue, das Standbild
beten, mit Gott (hier: mit Maria) reden

chen, Maria!" sagte sie. "Gib mir ein Zeichen, damit ich weiß, dass mein Kind wieder gesund wird..."

Aber das Gesicht der Gottesmutter blieb unbewegt.

Da stand die Frau auf, nahm das Jesuskind aus den Armen der Maria und lief in eine dunkle Ecke. Dort rief sie: "Nun kannst auch du fühlen, wie es einer Mutter wehtut, ihr Kind zu verlieren! Vielleicht wirst du jetzt meine Bitte erhören!"

Einige *Priester* und Kirchenbesucher wollten die Frau aus der Kirche werfen; andere rissen ihr das Jesuskind aus den Händen, brachten es zur Statue zurück und legten es Maria in die Arme. Da passierte etwas Merkwürdiges. Die sonst so ernste Statue *lächelte* auf einmal. Maria lächelte!

Als die arme Frau nach Hause kam, war ihr Kind gesund.

Der Eisenhans

Es war einmal ein König, der lebte mit Frau und Kind in einem Schloss, und hinter dem Schloss war ein großer Wald, in dem wilde Tiere wohnten.

Eines Tages schickte der König einen Jäger in den Wald, um ein Wildschwein zu schießen. Aber der Jäger kam nicht wieder. "Vielleicht ist ihm ein Unglück passiert", sagte der König. Er schickte zwei Jäger in den

---

der Priester, ein Mann, der in der Kirche ein Amt hat
lächeln, sag' "Cheese": Dein Mund wird breiter, du lächelst!

Wald, die den ersten suchen sollten. Aber auch sie kamen nicht zurück. Da schickte der König alle seine Jäger mit vielen Hunden in den Wald, um die drei zu suchen. Keiner von ihnen wurde jemals wieder gesehen. Von diesem Tag an ging niemand mehr in den stillen, dunklen Wald hinein.

Es meldete sich aber nach einiger Zeit ein fremder Jäger beim König, der Arbeit suchte und sich bereit erklärte, in den gefährlichen Wald zu gehen und das Geheimnis zu lösen. Der König wollte ihn nicht gehen lassen, aber der Jäger sagte: "Herr, ich will es. Von Angst weiß ich nichts." Also ging er los.

Nach einiger Zeit kamen der Jäger und sein Hund an einen tiefen Waldsee. Da sah der Jäger, wie plötzlich ein Arm aus dem See schoss, den Hund packte und mit dem armen Tier im Wasser verschwand. Der Jäger ging zurück zum Schloss und holte drei Männer, die mit Eimern kamen und den See trockenlegen mussten. Am Boden des Sees lag ein wilder Mann mit brauner Haut wie *rostiger* Eisen und langen Haaren, die ihm weit über die Schultern fielen und fast bis zu den Knien reichten. Die Männer banden ihn mit Stricken und führten ihn zum Schloss. Dort wurde der wilde Mann in einen eisernen *Käfig* gesteckt. Niemand durfte den Käfig öffnen, und der König gab seiner Frau den Schlüssel.

der Käfig

---

rostig, altes Eisen ist oft rotbraun – es ist rostig
der Käfig, im Zoo sind die Tiere oft in Käfigen

Der Sohn des Königs war acht Jahre alt. Er hatte einen goldenen Ball, mit dem er gern spielte, und einmal fiel der Ball in den Käfig. "Gib mir meinen Ball", sagte der Junge. "Nur wenn du mir den Käfig öffnest", antwortete der wilde Mann. "Nein", sagte der Junge, "das darf ich nicht, das hat der König verboten." Und er lief weg. Am nächsten Tag kam er wieder und sagte: "Gib mir meinen Ball. "Öffne meine Tür", antwortete der wilde Mann, und der Junge lief wieder weg. Am dritten Tag aber ritt der König zur Jagd, da kam der Junge zum Käfig und sagte: "Selbst wenn ich den Käfig öffnen wollte, ich kann es nicht, denn ich habe den Schlüssel nicht." Der wilde Mann antwortete: "Der Schlüssel liegt unter dem Kopfkissen deiner Mutter, du kannst ihn holen." Und der Junge ging und holte den Schlüssel und schloss den Käfig auf. Dabei *verletzte* er sich am Finger. Der wilde Mann trat aus dem Käfig und wollte schon in den Wald hinein rennen, da rief der Junge: "Ach, wilder Mann, geh nicht fort, sonst bekomme ich Schläge!" Der wilde Mann kehrte um,

(sich) verletzen, weh tun

hob den Jungen auf, setzte ihn auf seine Schultern und verschwand mit ihm im Wald.

Als der König von der Jagd zurückkehrte, sah er den leeren Käfig. Und als die Königin unter ihrem Kopfkissen suchte, entdeckte sie, dass der Schlüssel nicht mehr da war. Und ihr Sohn war verschwunden. Die Eltern wurden sehr traurig.

Als der wilde Mann wieder im dunklen Wald war, sagte er zum Königssohn: "Vater und Mutter siehst du nicht wieder, aber ich will dich bei mir behalten, denn du hast mich befreit. Wenn du alles tust, was ich dir sage, so sollst du es gut bei mir haben. Silber und Gold habe ich genug, mehr als sonst jemand in der Welt."

Am nächsten Morgen führte der wilde Mann den Jungen zu einem Brunnen und sagte: "Siehst du, dieser Goldbrunnen ist hell und klar. Du sollst daneben sitzen und aufpassen, dass nichts in den Brunnen fällt, sonst ist er unrein. Jeden Abend komme ich und sehe, ob du auch getan hast, was ich dir sage."

Der Junge setzte sich neben dem Brunnen auf den Boden und sah ins tiefe Wasser hinein. Manchmal bewegte sich im klaren Wasser ein goldener Fisch oder eine goldene Schlange. Der Junge wollte das tun, was ihm der wilde Mann gesagt hatte, aber einmal tat ihm der Finger so weh, dass er ihn doch ins Wasser steckte. Als er ihn herauszog, war der Finger vergoldet, und so sehr der Junge es auch versuchte, das Gold ging nicht ab. Abends kam der wilde Mann zurück und fragte sofort: "Was ist mit dem Brunnen geschehen?" "Nichts", sagte der Junge und versuchte, den goldenen Finger zu verstecken. Aber der wilde Mann sagte: "Du hast den Finger ins Wasser gesteckt. Diesmal will ich nichts tun, aber passe auf, dass du nicht wieder etwas hineinfallen lässt."

Am nächsten Morgen saß der Junge wieder am Brunnen. Ohne nachzudenken kratzte er sich einmal am Kopf, und ein Haar fiel ins Wasser. Er nahm das Haar schnell heraus, aber es war schon ganz vergoldet. Der wilde Mann kam zurück und wusste schon, was passiert war. "Ein Haar von dir ist ins Wasser gefallen", sagte er. "Diesmal will ich nichts tun, aber wenn zum dritten Mal etwas passiert, ist der Brunnen unrein, und du kannst nicht länger bei mir bleiben."

Am dritten Tag saß der Junge wieder am Brunnen. Nach einiger Zeit wurde es ihm aber langweilig, immer nur dazusitzen, und er wollte sein Spiegelbild im Wasser sehen. Und als er sich in die Augen sehen wollte, da fielen seine schulterlangen Haare ins Wasser. Der Junge stand sofort auf, aber es war zu spät. Seine Haare waren über und über vergoldet. Voller Angst nahm der Junge ein Tuch und band es um seinen Kopf. Aber als der wilde Mann kam, wusste er schon alles und sagte: "Nimm das Tuch vom Kopf." Der Junge nahm das Tuch ab, und seine goldenen Haare *glänzten* in der Sonne. "Du hast die Prüfung nicht bestanden", sagte der wilde Mann, "und nun kannst du auch nicht länger bei mir bleiben. Geh hinaus in die Welt. Du wirst sehen, wie es ist, arm zu sein. Aber weil du kein böses Herz hast und weil ich es gut mit dir meine, so will ich dir helfen, wenn du mich brauchst. Dann musst du nur zum Wald gehen und dreimal 'Eisenhans!' rufen. Dann will ich kommen. Meine Macht ist groß, und Silber und Gold habe ich mehr als genug."

---

glänzen, wenn die Sonne auf Metall scheint, dann glänzt das Metall

Der Königssohn verließ also den Wald und wanderte über viele Straßen, bis er in eine große Stadt kam. Dort suchte er Arbeit, aber da er nichts gelernt hatte, wollte ihn niemand haben. Endlich ging er zum Schloss des Königs, wo ihm der Koch Arbeit gab. Er musste Holz und Wasser holen, die Asche aus dem Ofen holen und die Küche sauber machen. Dabei behielt er aber immer einen Hut auf, denn es sollte niemand seine goldenen Haare sehen.

Eines Tages sollte er dem König das Essen bringen, weil gerade niemand anders da war. Auch vor dem König behielt der junge Mann den Hut auf, und der König sagte: "Weißt du nicht, dass du vor mir den Hut ziehen musst?" "Ach Herr", antwortete der junge Mann, "ich darf den Hut nicht abnehmen, ich habe eine Krankheit auf dem Kopf." "Dann kannst du mir nicht dienen!" rief der König und wollte den jungen Mann gleich davonjagen. Der Koch aber gab ihm Arbeit im Schlossgarten.

Im Garten musste der Königssohn bei Sonne, Wind und Regen hart arbeiten. An einem Sommertag nahm er einmal den Hut ab, weil ihm bei der Arbeit so heiß war. Sein goldenes Haar glänzte in der Sonne. Am Fenster ihres Schlafzimmers stand die Prinzessin. Sie sah den jungen Mann und rief ihm zu: "Ach, Gartenjunge, bring mir doch einen *Blumenstrauß*." Er brachte ihr also einen Strauß wilder Blumen. Als der junge Mann ins Zimmer trat, sagte die Prinzessin: "Nimm den Hut ab, wenn du mit mir redest." "Ach Prinzessin, ich darf nicht", sagte er, "ich habe eine Krankheit..." Aber die

---

der Blumenstrauß, man bindet verschiedene Blumen zu einem Strauß zusammen

Prinzessin nahm ihm den Hut vom Kopf, und seine goldenen Haare fielen ihm auf die Schultern. Als er gehen wollte, hielt sie ihn fest und gab ihm einige Goldstücke. Die wollte er aber nicht und gab sie dem Gärtner: "Deine Kinder können damit spielen", sagte er.

Auch am nächsten Tag musste der Gärtnerjunge der Prinzessin einen Blumenstrauß bringen, und am Tag danach auch. Und sie gab ihm Goldstücke, und die gab er den Kindern des Gärtners.

Es kam aber so, dass die Feinde des Königs ihm den Krieg erklärten und alle Ritter in die Schlacht ziehen mussten. Da sagte der Gärtnerjunge: "Ich bin jetzt ein Mann, ich will auch in den Krieg ziehen. Gebt mir ein Pferd!" Aber alle lachten über ihn und sagten: "Wenn wir fort sind, kannst du dir ein Pferd aussuchen." Als alle fort waren, ging der junge Mann zum Stall, und da war nur ein Pferd übrig geblieben, das war alt und konnte nicht mehr richtig laufen. Der junge Mann setzte sich aber auf das alte Pferd und ritt bis zum Rand des dunklen Waldes. Dort stieg er ab und rief dreimal: "Eisenhans!"

Gleich war der wilde Mann da und fragte: "Was willst du?" "Ich brauche ein starkes Pferd, denn ich ziehe in die Schlacht." "Das sollst du haben, und noch mehr", antwortete Eisenhans. Er brachte dem Gärtnerjungen bald nicht nur ein schönes Pferd, sondern auch Männer, ganz in Eisen gekleidet und mit scharfen Schwertern. An der Spitze dieser Soldaten ritt der junge Mann nun in die Schlacht.

Es war schon fast zu spät. Der König hatte fast alles verloren. Mit seinen eisernen Männern aber fuhr der junge Mann wie der Blitz in die Reihen der Feinde. Bald hatte der König die Schlacht gewonnen. Als er seinem Retter aber danken wollte, war der junge Mann nicht mehr da. Er ritt zurück zum Waldesrand und rief dreimal "Eisenhans!" "Was willst du?" fragte der wilde Mann. "Nimm dein Pferd und deine Männer zurück und gib mir mein altes Pferd zurück."

Es geschah so, wie der junge Mann es wollte, und er ritt auf seinem alten Pferd langsam zurück zum Schloss, wo alles nur vom fremden Ritter sprach, der den König in der Schlacht gerettet hatte. "Ach, da kommst du endlich!" riefen manche, als sie den Gärtnerjungen sahen. "Wo hast du gesteckt, unter welchem Baum hast du geschlafen?"

Der König sprach zu seiner Tochter: "Ich will alle Ritter zu einem großen Fest einladen, das drei Tage dauern soll, und du sollst einen goldenen Apfel werfen. Vielleicht hört der unbekannte Ritter davon und kommt zum Fest." Am ersten Tag des Fests ging der junge Mann zum Waldesrand und rief dreimal: "Eisenhans!" "Was willst du?" fragte der wilde Mann. "Ich will den goldenen Apfel der Königstochter fangen!" "Er gehört schon dir!" sagte der wilde Mann und brachte dem jungen Mann eine rote *Rüstung* und ein rotbraunes Pferd. Damit ritt der Junge zum Fest, wo ihn niemand in seiner herrlichen Rüstung erkannte. Als die Königstochter den goldenen Apfel den Rittern zuwarf, fing ihn der unbekannte rote Ritter, sprang auf sein Pferd und ritt davon. Am zweiten Tag erhielt der junge Mann vom Eisenhans eine weiße Rüstung und ein weißes Pferd. Damit ritt er zum Fest, wo ihn nie-

---

die Rüstung, ein Ritter trägt Kleidung aus Metall zum Kampf, das ist seine Rüstung

mand erkannte und wo er wieder den goldenen Apfel der Prinzessin fing. Und wieder ritt er davon. Der König ärgerte sich und sagte: “Das ist nicht richtig. Der fremde Ritter muss mir seinen Namen sagen. Wenn er wieder erscheint und wieder wegreitet, so sollen meine Männer ihn jagen und zurückbringen.”

Am dritten Tag erschien der Junge in einer schwarzen Rüstung auf einem schwarzen Pferd. Und wieder fing er den goldenen Apfel, und wieder ritt er davon. Aber jetzt jagten ihn die Ritter des Königs, und einer von ihnen kam so nahe an ihn heran, dass er mit der Lanze den jungen Mann am Bein verletzen konnte. Dann aber machte das schwarze Pferd einen Sprung, und der junge Mann entkam. Beim Sprung fiel ihm jedoch der *Helm* vom Kopf, und die Männer des Königs sahen sein goldenes Haar. Sie ritten zurück zum Schloss und erzählten dem König alles.

Als die Königstochter von den goldenen Haaren des Ritters hörte, musste sie an den Gärtnerjungen denken. Sie erzählte ihrem Vater davon, und der rief den jungen Mann zu sich, und er musste den Hut abnehmen, und da fielen seine goldenen Haare ihm über die Schultern. Er war auch am Bein verletzt, wo die Lanze ihn getroffen hatte, und er hatte auch die goldenen Äpfel bei sich. Und so wurde die ganze Geschichte bekannt, und der König erkannte seinen Retter. “Wie kann ich dir danken?” fragte er. “Das ist einfach”, sagte der junge Mann, “gib mir deine Tochter zur Frau.” Die Prinzessin lachte und sagte: “Er fragt nicht viel; aber ich habe schon vor langer Zeit an seinen golde-

---

der Helm, Teil der Rüstung, der auf dem Kopf getragen wird nen Haaren gesehen, dass er kein einfacher Gärtnerjunge ist." Und sie küsste ihn.

Zur Hochzeit kamen der Vater und die Mutter des jungen Prinzen, die längst alle Hoffnung aufgegeben hatten, ihren Sohn wiederzusehen, und alle waren fröhlich. Als sie aber zusammen saßen beim Fest, wurde es auf einmal still, die Türen flogen auf, und ein stolzer König trat ein mit vielen Rittern, ging auf den jungen Mann zu, umarmte ihn und sagte: "Ich bin der Eisenhans. Ich war in einen wilden Mann verzaubert, aber du hast mich befreit. Alles was ich besitze, soll von jetzt an auch dir gehören."

Fragen und Ideen

Bevor du anfängst zu lesen:

1. Ist dein Land auch ein "Märchenland"? Gibt es in deiner Muttersprache auch viele Märchen? Wie viele Märchen kennst du?
2. Woher kennst du diese Märchen? Von den Eltern oder älteren Menschen? Aus der Schule? Aus Büchern?
3. Siehe dir die Titel der verschiedenen Märchen in diesem Buch an: Welche Titel findest du interessant oder aufregend, welche nicht?
4. Diese Geschichten muss man nicht eine nach der anderen lesen. Du kannst auch mittendrin anfangen. Mit welcher Geschichte möchtest du am liebsten anfangen? Warum?

1. Die Bremer Stadtmusikanten

1. Ein Satz in dieser Geschichte ist besonders wichtig, deshalb wird er auch dreimal wiederholt. Wie heißt dieser Satz?
2. Du schreibst eine Musik zu dieser Geschichte: Welches Instrument passt zu welchem "Musikanten"?

2. Der Fischer und seine Frau

1. Dieses Märchen gibt es in vielen Ländern und in vielen Sprachen, und überall ist es ein bisschen anders. Kannst du es in deiner Muttersprache erzählen?

2. Dieses Märchen kann man sehr leicht als Theaterstück spielen. Denke darüber nach: Welche Sprechrollen gibt es? Was braucht man noch? (Nachttopf, Häuschen, Kronen...)
3. Du rettest einen verzauberten Prinzen: Was wünschst du dir von ihm?

3. Das tapfere Schneiderlein

1. Was weißt du über die Stadt Berlin?
2. Was muss der Schneider tun, bevor er die Prinzessin zur Frau bekommt?
3. Das Ende der Geschichte ist etwas traurig. Schreibe ein neues Ende, das nicht so traurig ist.

4. Der Bauer und sein Esel

1. Als der Bauer nach Hause kommt, erzählt er die Geschichte im Gasthaus. Schreibe sie so auf, wie der Bauer sie erzählt!

5. Der Fischer und der Tod

1. Male eine der Szenen aus dieser Geschichte!

6. Loreley

1. Eins der bekanntesten Gedichte in deutscher Sprache heißt "Die Lorelei" und fängt so an:
   Ich weiß nicht, was soll es bedeuten, dass ich so traurig bin...
   Es ist von Heinrich Heine (1797-1856). Versuche, das ganze Gedicht zu finden und zu lesen. (Es ist ganz einfach und sehr schön!)

7. Die Heinzelmännchen in Köln

1. Unsere modernen Heinzelmännchen sind die Maschinen. Für welche Arbeiten gibt es schon Maschinen? Für welche Arbeiten möchtest du gern eine Maschine haben?
2. Schreibe ein modernes Märchen: Die Maschinen wollen nicht mehr für die Menschen arbeiten!

8. Ringelfest

1. Hast du ein Haustier, oder möchtest du ein Haustier haben? Was für ein Tier?
2. In vielen Märchen spielt die Zahl 3 eine große Rolle. Finde Beispiele in diesem Märchen?

9. Der Rattenfänger von Hameln

1. Was ist mit den Kindern von Hameln passiert? Was glaubst du?
2. Gibt es auch heute "Rattenfänger"?

10. Die Gänsemagd

1. Der König stellt seinen drei Töchtern eine Aufgabe. Welche? Wie findest du diese Aufgabe?
2. Warum muss die Prinzessin als Gänsemagd arbeiten und eine hässliche Maske tragen?
3. Ist die Hexe eine gute oder eine böse Hexe? Warum?

11. Der Wettlauf zwischen Hase und Igel

1. In dieser Geschichte ist nur eine Person wirklich schlau. Wer ist das?
2. Kann man aus dieser Geschichte etwas lernen?

12. Hans im Glück

1. Als Hans unterwegs ist, trifft er viele Menschen. Alle sagen, dass sie ihm "etwas Gutes tun wollen." Was wollen sie wirklich?
2. Hans ist wohl ein etwas dummer Mensch. Warum aber heißt die Geschichte "Hans im Glück"?

13. Aschenputtel

1. Was verspricht die Mutter, als sie stirbt? Hält sie ihr Versprechen?
2. Man kann vielleicht verstehen, dass die Stiefmutter böse ist. Aber warum tut Aschenputtels Vater nichts, um seiner Tochter zu helfen?
3. Was glaubst du: Warum will Aschenputtel nicht, dass der Prinz sie nach Hause bringt? Warum sagt sie ihm nicht gleich, wer sie ist?
4. Kennst du den Film "Cinderella" von Walt Disney? Er erzählt die Geschichte von Aschenputtel.

14. Sankt Georg und der Drache von Leipzig

1. Kennst du Geschichten mit Drachen und Drachentötern aus deiner Heimat?
2. Wie sieht ein Drache aus? Male eine Szene aus dieser Geschichte!

15. Der Krieg zwischen Fuchs und Wolf

1. Der Anfang dieser Geschichte hat Ähnlichkeit mit dem Anfang der Geschichte von den Bremer Stadtmusikanten. Worin liegt diese Ähnlichkeit?
2. Was meinst du: Soll man alte Tiere, die nicht mehr arbeiten können, davonjagen oder töten?

16. König Blaubart

1. Du machst einen Horrorfilm über "König Blaubart": Wer soll Blaubart spielen? Wer seine Braut?
2. Was glaubst du: Wer sind die Frauen, die tot in dem geheimnisvollen Zimmer liegen?

17. Geschichten von den Schildbürgern

1. Gibt es auch in deinem Heimatland "Schildbürger"? Wie nennt man sie?
2. Kannst du eine Geschichte von ihnen erzählen?

18. Die Marienstatue von Ingolstadt

1. Diese Geschichte erzählt von einem Wunder. Kennst du andere Wundergeschichten?
2. Glaubst du, dass es Wunder gibt? Wenn ja – kannst du ein Beispiel geben? Wenn nein – wie erklärst du Geschichten wie diese?

19. Eisenhans

1. Warum heißt der wilde Mann "Eisenhans"?
2. Es gibt viele Ähnlichkeiten zwischen dieser Geschichte und der Geschichte von Aschenputtel. Kannst du sie finden?

Nachdem du alle Geschichten gelesen hast:

1. In vielen Märchen kommen immer die gleichen Personen und Dinger vor: Könige und Königinnen, Prinzen und Prinzessinnen, Hexen und sprechende Tiere, ein Wald und natürlich Zauber...
   Mache eine Liste: Was kommt in welcher Geschichte vor?
2. Oft werden in Märchen Menschen mit guten Herzen belohnt und Menschen mit bösen Herzen bestraft. Finde Beispiele!
3. Oft muss ein junger Mann oder eine Junge Frau Aufgaben lösen oder eine gefährliche oder traurige Zeit erleben, bevor er oder sie glücklich wird. Finde Beispiele!
4. Welches Märchen hat dir am besten gefallen? Kannst du sagen, warum?
5. Welche Person (Mensch oder Tier) fandest du am besten? Kannst du sagen, warum?